C000205867

1 MONTH OF
FREE
READING

at

www.ForgottenBooks.com

By purchasing this book you are eligible for one month membership to ForgottenBooks.com, giving you unlimited access to our entire collection of over 700,000 titles via our web site and mobile apps.

To claim your free month visit:

www.forgottenbooks.com/free451443

* Offer is valid for 45 days from date of purchase. Terms and conditions apply.

ISBN 978-0-483-16491-8
PIBN 10451443

This book is a reproduction of an important historical work. Forgotten Books uses state-of-the-art technology to digitally reconstruct the work, preserving the original format whilst repairing imperfections present in the aged copy. In rare cases, an imperfection in the original, such as a blemish or missing page, may be replicated in our edition. We do, however, repair the vast majority of imperfections successfully; any imperfections that remain are intentionally left to preserve the state of such historical works.

Forgotten Books is a registered trademark of FB &c Ltd.
Copyright © 2017 FB &c Ltd.
FB &c Ltd, Dalton House, 60 Windsor Avenue, London, SW19 2RR.
Company number 08720141. Registered in England and Wales.

For support please visit www.forgottenbooks.com

Heath's Modern Language Series

Irrfahrten

Humoristische Erzählung

von

Friedrich Gerstäcker

EDITED WITH NOTES AND VOCABULARY

BY

F. B. STURM

Assistant Professor of German, University of Iowa

D. C. HEATH & CO., PUBLISHERS

BOSTON NEW YORK CHICAGO

EducT 1832.755.456

HARVARD COLLEGE
July 25, 1938
LIBRARY

Mrs. R. Potter

Copyright, 1905,
By D. C. Heath & Co.

104

INTRODUCTION

FRIEDRICH GERSTÄCKER, "der Weitgereiste", as his biographer* calls him, was born in Hamburg in 1816. His life, after he reached the age of twenty-one, was largely spent in travel. His first journey was to the United States, and lasted six years, from 1837 to 1843. He visited all sections of the country, leading an adventurous life, working at half a dozen different occupations and stopping in one place only long enough to earn the necessary money to take him farther. Subsequent journeys, undertaken at intervals of every few years, took him to most of the South American countries, Mexico, California, the Sandwich and Society Islands, Australia, Java, Egypt, Abyssinia, and ended with a final tour of North and South America. He died at Brunswick in 1872.

Gerstäcker was quite as indefatigable an author as traveler. His complete works fill more than forty volumes. They consist of accounts of his travels and of stories, the latter being mainly tales of adventure in foreign lands, especially in wild regions like the backwoods of North America and the jungles of the Amazon. In only a few instances did he choose a German

*A. Carl: Friedrich Gerstäcker, der Weitgereiste. Ein Lebensbild, der deutschen Jugend vorgeführt. Gera, 1873.

subject, as in the case of the two stories that are read in American schools — the pretty, fanciful tale of *Germelshausen* and the humorous story of *Irrfahrten.* It must be admitted that his work is crude from the artistic point of view, that his stories are often quite improbable and extravagant and that his writings as a whole contain very little matter of permanent value. But Gerstäcker was presenting a new world to his readers, he knew how to tell a story effectively, he wrote simply and in the language of every day and, moreover, his tales are full of the spirit of adventure, of humor and wholesome sentiment. In these respects *Irrfahrten* is one of his best stories; it fully deserves its place in the list of the Committee of Twelve.

While the present edition is abridged to some extent, nothing essential has been omitted. In a single instance a gap has been supplied by new matter to the extent of half a dozen words, but without materially altering the sense of the passage. I take great pleasure in acknowledging my indebtedness to my friends, Professor C. W. Eastman and Mr. Josef Wiehr, of the Department of German in the University of Iowa, for their many helpful suggestions.

F. B. STURM.

State University of Iowa,
February, 1905.

Irrfahrten

Irrfahrten

Erstes Kapitel.

Der Entschluß.

Im Zimmer des Regierungsrats[1] Wessel saß dessen[2] Sohn, der etwa achtundzwanzigjährige Fritz Wessel, ruhig am Frühstückstisch, trank seinen Kaffee, rauchte seine Cigarre und las dabei die neben der Tasse liegende Zeitung.[3]*

Der Vater schritt indessen in tiefem Nachdenken in demselben Zimmer auf und ab. Sein Blick streifte zuweilen wie in schwerer Sorge den Sohn, obgleich dieser, in größter Gemütsruhe, nichts davon[4] zu ahnen schien, daß das ernste, vielleicht sogar schmerzliche Grübeln des Vaters ihm oder seiner Zukunft gelten könne.[5]

Fritz Wessel war einer der beliebtesten Porträtmaler in der ganzen Stadt, und seine Arbeit, besonders in Kinderbildern, so gesucht, daß er jeden geforderten Preis bekam und dann noch nicht einmal alle ihm übertragene Arbeit[3] bewältigen konnte. Außerdem galt sein Vater, — die Mutter hatte er schon vor langen Jahren verloren — wenn nicht gerade für reich, doch für sehr wohlhabend, und er als einziger Sohn besaß in dem[6] eigenen Hause ein prächtiges

* The student should consult the vocabulary, when in any doubt whatever, for numerous important idioms, even in the case of common words, will be found there explained.

und bequem eingerichtetes Atelier, in dem er ungestört schaffen konnte. Fritz Wessel ließ denn auch die Zeit ruhig an sich kommen,[1] und da er sich selber niemals Sorge machte, dachte er natürlich nicht daran,[2] daß ein anderer das für ihn tun könne.

Der Regierungsrat mußte aber in der Tat Ähnliches auf dem Herzen haben.[3] Er blieb ein paarmal stehen, nahm die Pfeife aus dem Mund und sah seinen Sohn gerade so an, als ob er etwas mit ihm zu besprechen wünsche; und doch setzte er seinen Spaziergang immer wieder fort, bis er endlich zu einem Entschluß gekommen[4] schien, vor dem noch immer ruhig fortlesenden Sohn[5] stehen blieb und mit ernster Stimme sagte:

„Hör' einmal, Fritz, das geht nicht länger! In der Sache muß eine Änderung eintreten."

„In der Sache?[6] in welcher Sache, Papa?" sagte Fritz und sah erstaunt von seiner Zeitung zu ihm auf, ohne jedoch seine Stellung im mindesten zu verändern.

„In welcher Sache? und das fragst du auch noch?" sagte der Vater, „du kannst dir doch sicher denken, von was[7] ich rede."

„Aber ich habe keine Ahnung, Papa," sagte Fritz wirklich mit der unschuldigsten Miene von der Welt.

Der Vater sah ihn scharf und forschend an, endlich schüttelte er mit dem Kopf und fuhr fort:

„Höre, Fritz, jetzt wird's mir zu bunt und leugnen hilft dir auch nichts mehr,[8] denn es sind zu viele Zeugen gegen dich. Ich habe auch bis jetzt geschwiegen. Wie du neulich abends aus der Harmonie[1] nach Hause kamst und den Nachtwächter geprügelt hattest, sagt' ich kein Wort; die Beweise waren nicht klar genug, um dich zu überführen, und du kannst dir wohl denken, daß mir, als ältestem Stadtrat, nichts daran lag,[2] meinen eigenen Sohn wegen solcher — *Kinderstreiche*[3] öffentlich bloßgestellt zu sehen."

„Aber lieber, bester Vater!" rief Fritz, jetzt die Zeitung bei Seite schiebend, „ich gebe dir mein Wort, daß ich keine Silbe von dem begreife, was du sagst, denn du kannst doch nicht etwa im Ernst glauben, daß ich mich damit beschäftige, abends Nachtwächter zu prügeln?[4] Das ist jedenfalls ein Mißverständnis."

„Gut; ich will von jenem Fall absehen," sagte der Vater, „ich habe schon vorher erwähnt, daß die Beweise gegen dich unzureichend waren, und die Möglichkeit liegt vor, daß man dir unrecht getan;[5] aber beantworte mir die *eine* Frage: Wer hat gestern abend zwischen elf und zwölf Uhr die erleuchtete Glastafel an der Rathausuhr mit einer bleiernen Kugel eingeworfen?"[6]

„Aber, bester Papa," lachte Fritz wieder, „woher soll ich das wissen? Ich habe um ein Viertel auf elf[7] schon in meinem Bett gelegen und in *der* Zeit wahrscheinlich sanft und süß geschlafen."

„Und du leugnest das auch?"

„Aber ich gebe dir mein Wort, daß ich dir die Wahrheit sage — ganz abgesehen davon, wie ich es für nichts weniger als gentil halten würde, einen solchen Jungenstreich auszuführen."

Der Vater sah ihn eine Weile ernst und forschend an, aber Fritz schaute wirklich so unglaublich unschuldig drein, daß er selber zweifelhaft wurde. Er schüttelte mit dem Kopf.

„Aber zwei von den Nachtwächtern haben dich doch erfaßt und erkannt und es vielleicht deshalb gerade nicht ungern gesehen, daß du dich von ihnen losrissest[1] und die Straße herab auf unser Haus zuliefst, wohin sie dir nicht weiter folgten."

„Ich kann dir dann nur sagen, Papa," erwiderte Fritz, „daß ich wünsche, die Herren Nachtwächter[2] hätten ihrem Dienst besser vorgestanden und jenen leichtfertigen Herrn festgehalten, dann könnten wir uns heute vielleicht überzeugen, daß wir es mit einem ganz andern Individuum zu tun haben als mit meiner Wenigkeit. Ich versichere dir, ich weiß von der ganzen Geschichte nichts."

„Fritz!"

„Aber, Papa, ich kann nicht mehr tun, als dir mein Wort geben. Doch ich sehe schon, es ist die alte Geschichte — ich muß ein so verwünscht gewöhnliches Gesicht haben, daß ich einer Unzahl von Menschen ähnlich sehe; und alle Augenblicke werde ich auch mit anderen Namen und zwar von wildfremden Leuten angeredet, die sich anfangs ganz ungemein zu freuen scheinen, mir begegnet zu sein, und nachher ein sehr verblüfftes und oft auch ein sehr dummes Gesicht machen, wenn sie einsehen, daß sie sich geirrt. Es ist rein zum Tollwerden; und ich habe schon daran gedacht, mir einen recht auffallenden Bart stehen zu lassen, um meinem Gesicht wenigstens etwas Bestimmtes zu geben, denn es wird auf die Länge der Zeit wahrhaftig langweilig."

Der Vater war indessen wieder in seinem Zimmer auf- und abgegangen. Er glaubte natürlich nicht, daß ihm sein Sohn auf eine Lüge hin sein Ehrenwort geben würde; und doch war das Zeugnis der beiden Nachtwächter so bestimmt und ohne den geringsten Zweifel abgegeben worden, daß er in der Tat nicht wußte, was er glauben solle. Über das Endziel der ganzen Unterredung schien er aber schon mit sich im reinen[1] und sagte deshalb plötzlich, indem er wieder neben dem Sohn stehen blieb:

„Und das geht doch nicht länger, Fritz. Ich habe es mir hin und her überlegt, aber ich sehe keinen anderen Ausweg: du mußt heiraten."

„Hm," lächelte Fritz, über die plötzliche Wendung allerdings erstaunt; „das ist wirklich eine sonderbare Schlußfolgerung, Papa. Also, weil ich in dem Verdacht stehe, einen Nachtwächter geprügelt und eine Uhrscheibe eingeschlagen zu haben, soll ich Knall und Fall[2] heiraten? Aber wen? wenn ich fragen darf; denn aufrichtig gestanden, habe ich selber noch mit keiner Silbe daran gedacht."

„Es braucht nicht gleich zu sein," fiel der Vater ein, „eine solche Sache darf nicht übereilt werden — du mußt dir selber ein Wesen suchen, zu dem dich dein Herz zieht, und zu dem Zweck wünschte[3] ich, daß du erst eine Zeitlang auf Reisen gingst."

„Um mich hier los zu werden?"

„Nicht, um dich los zu werden, sondern nur, um dir andere Lebensanschauungen beizubringen. Außerdem gestehe ich dir ganz offen, wäre es mir selber lieb, dich eine Zeitlang abwesend zu wissen; denn hast du[1] diese Jugendstreiche wirklich *nicht* verübt —"

„Aber, Papa, ich habe dir mein Wort gegeben —"

„Ich sage ja nichts dagegen; ist also jemand[1] hier in der Stadt, der dir ähnlich sieht und auf deinen Namen gesündigt hat, so wird es wieder vorfallen; und ich selber bin dann von dem Verdacht befreit, einen Störenfried der öffentlichen Ruhe erzogen zu haben. Schon meinetwegen bitte ich dich also, daß du auf einige Zeit verreisest — durch deine Arbeiten bist du doch gegenwärtig nicht mehr lange gebunden?"

„Doch noch einige Wochen; du weißt, daß ich erst neulich die Kindergruppe begonnen habe und jedenfalls beenden muß, ehe ich fort kann."[2]

„Und wie lange kann das dauern?"

„Wenn ich fleißig bin, vielleicht drei Wochen. Nebenbei habe ich außerdem noch manches zu tun, — aber dann meinetwegen."

„Schön; wenn du mit deiner Kasse nicht in Ordnung bist, helfe ich dir aus."

„Sehr liebenswürdig, Papa; werde[3] sicherlich nicht ermangeln, von deiner Güte Gebrauch zu machen."

„Und hast du schon eine Idee, wohin du dich wenden willst?"

„Bleibt sich das nicht gleich?“

„Man macht sich doch besser einen Plan—“

„Also gut, Papa, dann werde ich an den Rhein[1] gehen, den ich doch erst einmal und zu der Zeit nur ziemlich flüchtig gesehen habe. Ich kann auch dort reizende Studien machen, denn meine Mappe nehme ich jedenfalls mit.“

„Das wäre[2] also abgemacht—verschaffe dir nur in der Zeit eine Paßkarte und sieh deine Wäsche nach. Ich will indessen selber das Nötige besorgen und dir auch noch einige Briefe mitgeben, die dir wenigstens in verschiedenen Häusern eine freundliche Aufnahme sichern. Man findet dadurch in einer fremden Stadt rasch einen Kreis von Bekannten, den man sich sonst erst langsam und mit vielem Zeitverlust erwerben muß.“

„Sehr schön, Papa,“ sagte Fritz, indem er langsam an seiner Cigarre zog und nachdenkend in den Rauch sah.

„Vergiß nur die Paßkarte nicht—“

„Eigentlich wäre[2] sie ganz unnötig; es[3] fragt einen ja jetzt niemand mehr um eine Legitimation.“

„Es ist aber immer besser, sie bei sich zu haben, da man nie weiß, wie man sie gebrauchen kann. Selbst wenn du nur einen poste-restante-Brief[4] abholen willst, erspart sie dir eine Menge Umstände—versäume es nicht!“ und damit ging er in sein Zimmer, um seine eigenen Arbeiten aufzunehmen.

Zweites Kapitel.

Vorbereitungen.

Gerade nicht in bester Laune strich Fritz seine Cigarre ab, schob die Zeitung zurück, trank den Kaffee aus und stand dann seufzend auf, um heute zum ersten Mal mit nicht besonderer Lust an seine Arbeit zu gehen. Was auch seinem Vater einfiel[1] — und heiraten! Du lieber Gott,[2] er war noch nicht einmal darüber mit sich einig, ob er überhaupt heiraten wolle, und dann konnte es doch ganz unmöglich Knall und Fall geschehen. Eine solche wichtige Sache durfte nicht übers Knie gebrochen werden[3] — *er* war wenigstens fest entschlossen, das *nicht* zu tun.

Darüber beruhigt ging er in sein Zimmer, um sich anzukleiden; als er sich aber rasiert hatte, blieb er noch eine ganze Weile vor dem Spiegel stehen und betrachtete sich im Glase. Es geschah das jedoch nicht etwa aus Eitelkeit, sondern weit eher in einem Gefühl schmerzlicher Resignation, in welchem er endlich in die Worte ausbrach:

„Ich weiß es nicht — ich weiß es, bei Gott! nicht, denn so ein verwünscht alltägliches Gesicht hab' ich doch auch nicht, daß man es allerorten auf der Straße träfe.[4] Die Nase könnte vielleicht ein wenig mehr griechisch, das Gesicht auch etwas weniger voll sein; aber was zum Henker kann ich für meine Gesundheit,[5] und weshalb soll ich schmachtend aussehen, wenn ich keinen schmachtenden Charakter habe? Bin ich denn aber je im Leben schon einmal einem fremden

Menschen vorgestellt worden, der nicht gesagt hätte:[1] Ach, mein lieber Herr, entschuldigen Sie, Ihr Gesicht kommt mir aber so bekannt vor; haben wir uns nicht etwa schon da oder da getroffen? — lauter Orte, die ich kaum dem Namen nach kenne. Und hol's[2] der Henker, heirat' ich erst einmal, und meine Frau verwechselt mich ebenso mit andern Gesichtern — aber Unsinn! was zerbrech' ich mir den Kopf über ungelegte Eier![3] Ich denke doch wahrhaftig, ich kann's abwarten, und um meinem Alten einmal einen Gefallen zu tun, gehe ich auch meinetwegen auf Reisen und amüsiere mich zwei oder drei Wochen am Rhein; das wird ja doch auszuhalten sein."

So vergingen die nächsten Wochen und der Zeitpunkt war endlich gekommen, wo Fritz seine sämtlichen Arbeiten beendet hatte und die schon lange projektierte Reise antreten konnte. Sein Koffer stand sogar schon gepackt und nur das eine, die Paßkarte, hatte er bis jetzt noch versäumt sich ausstellen zu lassen.[4] Der Vater aber, in allen solchen Dingen sehr gewissenhaft, drang darauf und Fritz, mehr um ihm zu willfahren, als weil er es selber für nötig hielt, machte sich auf, um sie zu holen.

Unterwegs begegnete ihm ein Herr, der ihm vertraulich und freundlich zunickte, aber vorüberging, ohne ihn anzureden; und er zischte einen Fluch zwischen den Zähnen durch,[5] denn er hatte den Menschen in seinem ganzen Leben noch nicht gesehen und war sich bewußt, nie ein bekanntes Gesicht wieder zu vergessen. Er war auch noch nicht zwanzig

Schritte weiter gegangen, als ein junger, sehr elegant gekleideter Mann auf ihn zusprang, ihm die Hand entgegenstreckte und ausrief:

„Fritz, alter Junge, wie geht's?"

„Ich bin's gar nicht!"[1] rief aber unser junger Freund, ärgerlich dazu mit dem Kopfe schüttelnd, „Sie irren sich; Sie meinen jemand ganz anderen."

„Du bist's nicht?"[1] rief der Fremde erstaunt aus; „aber diese Ähnlichkeit — das wäre ja gar nicht möglich. Bist du denn nicht Fritz Wessel, Sohn des Regierungsrats Wessel, und Maler?"

„Hm, ja," sagte Fritz erstaunt, indem er den Fremden näher betrachtete, „das stimmt allerdings, aber —"

„Und kennst du denn mich nicht mehr, deinen Schulkameraden Klaus Beldorf?"

„Klaus, beim Himmel! mein guter, ehrlicher Klaus! aber wo kommst du her? Ich habe dich in dem starken Bart nicht wieder erkannt und in einem Menschenalter nicht gesehen!"

„Du siehst aber noch genau so aus wie früher!" lachte Klaus, indem er seinen Arm in den des Freundes schob; „das nämliche gutmütige, ehrliche Gesicht —"

„Ausdruckslos, wolltest du sagen!" bemerkte Fritz trocken.

„Fällt mir gar nicht ein!" lachte Klaus. „Aber wie geht's dir? Was treibst du und wohin willst du jetzt gerade gehen?"

„Auf die Polizei, um mir eine Paßkarte zu holen."

„Du willst verreisen?"

„Ja."

„Wohin?"

„An den Rhein; mein Vater schickt mich auf die Wanderung; ich soll heiraten."

„Kostbar!" lachte Klaus; „aber die Idee ist nicht übel, und einen besseren Platz als den Rhein hättest du dazu nicht wählen können. Ich sage dir, Mädchen gibt es da zum Anbeißen.[1] Ich war eben zu demselben Zweck dort."

„Am Rhein? — um zu heiraten?" rief Fritz erstaunt; „und hast nicht gefunden, was du suchtest?"

„Doch, alter Freund, gewiß hab' ich, und bin nur hier nach Haßburg[2] zurückgekommen, um meine Papiere[3] zu beschaffen und mit meinem Alten Rücksprache, der landesüblichen Münzsorte wegen, zu nehmen."

„Und du kehrst dahin zurück?"

„In einigen Wochen; wenn du so lange warten könntest, machten[4] wir nachher die Reise zusammen."

„Das wird unmöglich angehen, denn ich habe[5] es mit meinem Vater schon fest besprochen und — meinen besonderen Grund dafür, die Reise nicht aufzuschieben. Aber wohin gehst du jetzt?"

„Ich begleite dich, bis du deinen Weg besorgt hast. Und wohin steuerst du vor allen Dingen am Rhein?"

Fritz zuckte mit den Achseln. „Mein Vater will mir Briefe mitgeben, sonst weiß ich wahrhaftig selber noch gar nicht, wohin ich mich zuerst wende; jedenfalls aber an den unteren Rhein: Mainz, Koblenz, Bonn, Köln[1] — es bleibt sich gleich."

„Dann werde ich dir ein paar Zeilen an die Familie meiner Braut mitgeben, Fritz. Es sind zwei Töchter im Haus, und liebenswürdige, prächtige Leute, ja sogar mit deinem Vater bekannt, denn wie sie den Namen meines Geburtsortes hörten, fragten sie mich gleich nach ihm, und ob ich ihn kenne."

„Wie heißen sie?"

„Raspe — Doktor Raspe — ein allgemein geachteter Name in der Stadt; jedes Kind kennt das Haus. Aber eins beding' ich mir aus, Fritz! daß du nämlich bei meiner Braut nicht den Liebenswürdigen spielst,[2] denn ihr Künstler habt von Mein und Dein manchmal ganz kuriose Ansichten."

„Aber, lieber Freund —"

„Meine Braut," fuhr Klaus fort, „heißt Rosa, um jede Verwechselung zu vermeiden, und ist die älteste Tochter des Doktors. Viola, ihre Schwester, mag etwa anderthalb Jahre jünger sein — eine eben aufgeblühte Knospe, und heiter und lebendig, wie für dich gemacht, da du dir das frühere Phlegma vortrefflich konserviert zu haben scheinst."

„Hm," sagte Fritz, „Rosa — Viola — wenn ich die Namen nur nicht verwechsele, denn ich bin nichts weniger als[3] ein Pflanzenkundiger und kann nie die einfachsten botanischen Benennungen im Gedächtnis behalten."

„Alle Wetter!" rief sein Freund etwas bestürzt aus; „dann werde ich dir doch lieber keinen Brief mitgeben, denn — merkwürdigere Dinge sind schon vorgekommen, und man soll den Teufel nicht an die Wand malen[1] — ich kann dich später persönlich in dem Hause einführen."

„Aber, bester Klaus —"

„Jetzt hol' erst einmal deine Paßkarte; hier sind wir an der Polizei; ich werde mir indessen dort drüben an der Kunsthandlung die Kupferstiche und Photographieen besehen, und bleib' nicht zu lange!"

Die Paßkarte war bald besorgt. Der Registrator hatte schon eine Anzahl vom Bürgermeister unterschriebener Karten[2] in seinem Pult liegen;[3] eine davon brauchte nur ausgefüllt und abgestempelt zu werden, dann fügte Fritz seine Unterschrift dazu, bekam Sand darüber gestreut,[4] zahlte die üblichen fünf Silbergroschen[5] und verließ mit seiner Karte das Bureau wieder. Auf der Treppe konnte er es sich aber doch nicht versagen, einen Blick auf die Rückseite zu werfen, auf welcher die Personalbeschreibung stand:

Alter: 28 Jahre.
Statur: gewöhnlich.
Haare: braun.

Statur *gewöhnlich*. Er hätte die verwünschte Karte in tausend Stücke zerreißen können, denn brauchte er das auch noch schriftlich und amtlich beglaubigt bei sich zu tragen, daß er eine „gewöhnliche" Statur habe?

Unten, der Polizei gerade gegenüber, stand noch Klaus Beldorf vor dem Bilderladen, und Fritz schob die Karte in die Tasche — was brauchte sein Freund zu wissen, daß er eine „gewöhnliche Statur“ hatte? Fritz legte auch nun den Arm in den seines alten Schulkameraden und so schlenderten sie die Straße wieder hinab, als Fritz sagte:

„Hör' einmal, Klaus, das klingt aber eigentlich nicht gut.“

„Was klingt nicht gut?“

„Rosa Raspe; es schnarrt ein bißchen.“

„Aber was zum Henker geht dich Rosa Raspe an?“

„Nun, wenn sie meine Schwägerin werden soll, muß sie mich doch etwas angehen.“

„Aber eben *weil* ihr das vielleicht auch nicht gut klingt,“ lachte Klaus, „will sie es gerade ändern, und Rosa Veldorf gefällt dir und wahrscheinlich auch ihr jedenfalls besser.“

„Aber Viola Wessel klingt gar nicht,“ fuhr Fritz nachdenklich fort. „Rosa Wessel dagegen würde harmonischer sein, ebenso Viola Veldorf. Wie alt sind die beiden jungen Damen?“

„Fritz, ich will dir etwas sagen!“ rief Klaus, „die beiden jungen Damen werden die eine zwischen siebzehn und achtzehn, die andere zwischen neunzehn und zwanzig sein;[1] aber ob Viola oder Rosa Wessel gut klingt oder nicht, bleibt sich vollkommen gleich, und ich bitte dich ernstlich, keinen dummen Streich zu machen. Ich war ein Esel, dich auf die Fährte zu setzen, aber es läßt sich noch redressieren. Von *mir* erfährst du wenigstens nichts weiter über die Familie; und dann fällt mir ja auch ein, daß sie sich gegenwärtig gerade gar nicht in Mainz,[2] sondern in einem der um Frankfurt[3] liegenden Bäder[4] befindet. Bis sie von da zurückkehrt, bin ich selber wieder an Ort und Stelle.“

„Ist das eine notwendige Folgerung, Papa?“

„Wenn man einsieht, daß man es mit dem wilden Leben zu nichts Gescheitem bringt und sich verbessern will — gewiß. Vor allem anderen empfehle ich dir aber, den alten Major von Buttenholt aufzusuchen. Er war einer meiner ältesten und liebsten Jugendfreunde und es würde mich recht von Herzen freuen, zu hören, daß es ihm gut geht. Seit langen, langen Jahren hat er aber meine Briefe nicht mehr beantwortet und ich weiß nicht einmal, ob er sich noch in Koblenz aufhält. Jedenfalls erfährst du aber dort, wohin er sich gewandt hat.“

Fritz nickte zustimmend, ging in sein Zimmer, packte seine Sachen und war, da er keinen Reisebedarf für nötig hielt, in kaum einer halben Stunde fix und fertig mit allem. Das, was er noch mit seinem Vater abzumachen hatte, wurde ebenfalls rasch erledigt; bei Tisch besprachen sie alles Notwendige und nachmittags um drei Uhr saß Fritz behaglich in einem Coupé zweiter Klasse,[1] rauchte seine Cigarre und schaute eigentlich ziemlich gedankenlos auf die vorübergleitende Landschaft hinaus.

Drittes Kapitel.

Im Nichtrauchcoupé.

Mit[2] dem Reisen in einem Eisenbahnzug ist es eine ganz wunderliche Sache, und man muß es in der Tat erst lernen, ehe man es ordentlich kann. Manche Leute werden mir das nicht glauben und sagen: „was ist aber dabei zu lernen? Ich löse mir eben ein Billet, gebe meine Sachen auf, setze mich ein und fahre dann mit fort—das kann ein jeder.“—Das allerdings und er reist dann ebenso rasch als die übrigen—aber wie? Zehn gegen eins, daß er in ein dichtgefülltes Coupé kommt, wo er nicht einmal die Füße ausstrecken kann; möglicherweise hat er auch eine Dame, mit einem schreienden Kind auf dem Schoß, gegenüber, während ein kleiner, ihr ebenfalls gehörender Bursche von fünf oder sechs Jahren ununterbrochen über seine Hühneraugen fort[1] nach dem Fenster klettert und ihm dabei ein angebissenes Butterbrot mit der gestrichenen Seite auf die Knie drückt.[2] Er möchte rauchen, aber es geht nicht; eine Dame an seiner Seite erklärt, daß sie keinen Tabaksdampf, ebensowenig aber auch Zug vertragen könne, und er darf[3] deshalb das Fenster nicht herunterlassen, obgleich im Coupé eine drückende Schwüle herrscht.

Endlich fällt er in einen leichten Schlummer—das heißt, er ist eben im Einnicken, als eine Hutschachtel aus Leder, mit Messing beschlagen und zu dem umfangreichen Gepäck der Dame gehörend, der Gesellschaft droben im Netz überdrüssig scheint und mit einer ihrer scharfen Ecken herunter[4] und direkt auf seinen Hut schlägt. Die Dame entschuldigt sich für die Schachtel und hat gerade noch Zeit, den Jungen aufzufangen, der fast aus der Tür gestürzt wäre, weil der Zug eben hält und der Schaffner[5] dieselbe plötzlich aufreißt.

Endlich erreicht er sein Ziel, aber in einem Zustand der Auflösung begriffen,[1] körperlich abgespannt, geistig vollständig totgeschlagen; und wie leicht hätte er das alles, nur mit einem kleinen Studium der Eisenbahnfahrt vermeiden können!

Allerdings *sollen*[2] die Schaffner unparteiisch gegen die Reisenden verfahren und sie gleichmäßig in die für verschiedene Halteplätze[3] bestimmten Coupés verteilen, auch dürfen sie keine „Trinkgelder“ annehmen; aber, du lieber Gott, es sind *Menschen*, und noch dazu sehr schlecht besoldete, und von denen widersteht jeder wohl Wind und Wetter, Kälte und Hitze, aber sehr selten einem Zehngroschenstück und einer Hand voll Cigarren. So kommt es denn, daß wir Coupés finden, wo ein einzelner *alter* Reisender bequem mit seinem wenigen Gepäck auf *vier* Sitzen liegt und seine Cigarre raucht und auf den anderen vieren[4] seine Sachen ausgebreitet hat, während dicht daneben[5] kein Apfel zur Erde könnte und die eingeschlossene Luft den unglücklich Eingepferchten[6] jeden Atemzug zu Gift verwandelt.

Der Zug hält: „Station Marburg.“[7]

„Nach Frankfurt!“

„Hier herein, meine Herrschaften!“

„Aber da ist ja alles besetzt.“

„Wie viel Personen sind Sie?“

„Drei Personen und das Kind.“

„Gerade noch Platz für drei Personen — die Dame dort muß ihr Gepäck aus dem Weg schaffen.“

„Aber daneben das Coupé ist ja noch ganz leer; es sitzt nur ein einziger Herr darin.“

„Coupé für Gießen;[1] darf niemand anders dort hinein tun. Bitte, steigen Sie ein, denn der Zug geht ab, oder Sie bleiben da! Ich kann doch wahrhaftig nicht für *jede* Gesellschaft ein besonderes Coupé geben.“ —

Das sind kleine Scenen, die bei *jedem* Zug und auf *jeder* Bahn vorfallen und so lange vorfallen werden, als es noch Zehngroschenstücke und Cigarren gibt — zum Besten für Reisende und — Schaffner.

Fritz saß nicht zum ersten Mal in einem Coupé, und wenn er sich anfangs mit seiner gewöhnlichen Indolenz auch nicht besonders darum gekümmert hatte, wohin er gerade und in welche Gesellschaft er kam, so wurde ihm das allmähliche Anfüllen des Coupés doch zuletzt lästig, und er stieg in der nächsten Station, Gießen, mit seinem Reisesack und Schirm aus, um einen anderen und bequemeren Platz zu suchen.

Eigentlich hatte er die Absicht gehabt, direkt nach Köln und von da ab den Rhein aufwärts zu fahren, auch zu dem Zweck vorsichtigerweise — und einen anderweitigen Entschluß immer vorbehaltend — nur ein Billet bis Gießen genommen. Unterwegs war ihm aber fortwährend die Familie Raspe im Kopf herumgegangen. Es kam ihm gar so sonderbar vor, daß sie ihm von zwei ganz entgegengesetzten Seiten zu gleicher Zeit empfohlen werden sollte, und seine Neugierde erwachte natürlich, die beiden jungen Damen kennen zu lernen, die er schon als Kinder gesehen und über deren Liebenswürdigkeit Klaus jetzt so viel berichtet. Was lag überhaupt daran, ob er zuerst nach Mainz oder Köln fuhr? und dann machte es ihm auch Spaß, wenn er daran dachte, was für ein Gesicht sein alter Freund Klaus ziehen würde, sobald er erfuhr, daß Fritz vor ihm in Mainz bei der Familie gewesen und die Damen besucht hätte.

Mit dem Gedanken löste er sich in Gießen, anstatt nach Köln, ein Billet nach Frankfurt und schritt dann zu dem nämlichen Zug, mit dem er bis hierher gefahren, zurück. In das nämliche Coupé wollte er aber nicht wieder hinein, und einem Unterschaffner ein Stück Geld in die Hand drückend, sagte er:

„Ein Nichtrauchcoupé, lieber Freund, wo ich ein wenig ungestört sein kann; Sie verstehen mich schon.“

„Mit dem größten Vergnügen, lieber Herr,“ sagte der Mann ungemein artig, „und solang's[1] angeht; aber der Zug ist heute so stark besetzt; denken Sie nur, all die Badereisenden,[2] die sich abwaschen wollen — es ist manchmal ganz unmöglich.“

„Nun also, solange es geht, alter Freund,“ lachte Fritz, „und dann — wenn ich bitten darf — angenehme Gesellschaft. Es soll Ihr Schaden nicht sein.“

Fritz richtete sich in aller Behaglichkeit in seinem Coupé ein und in dem Nichtrauchcoupé hatte er schon eben seine zweite Cigarre angezündet, als der Zug hielt. Da beugte er sich aus dem Fenster mit dem doppelten Zweck, einmal das Leben und Treiben da draußen zu beobachten, und dann auch einsteigende Passagiere an einem Überblick seines Coupés zu verhindern. Aber er vermochte doch nicht jede Begleitung von sich abzuwenden, denn die Passagiere drängten in zu großer Masse zu, und es begann an Wagen zu fehlen.[1]

„Es geht nicht länger!“ stöhnte der kleine, dicke Mann in seiner blauen Uniform, als er einmal an ihm vorüberglitt; „der blanke Deubel ist heute los[2] — da kommt noch ein Schwarm.“

„Frankfurt! Nichtrauchcoupé!“ rief eine ältliche, etwas starke und sogar ein wenig männlich aussehende Dame, der ein junges Mädchen folgte.

„Hier ist noch Platz, meine Damen!“ sagte der Oberschaffner, der mit einem Kennerblick das fast leere Coupé überflogen hatte und zugleich die Tür öffnete; „Nichtrauchcoupé! Wollen Sie gefälligst schnell einsteigen; es ist die höchste Zeit.“

„Schade um die Havana!“ stöhnte Fritz, indem er seine kaum erst angebrannte Cigarre durch das entgegengesetzte Fenster hinaus- und sich selber in die eine Ecke hineinwarf. Es half jetzt nichts mehr, er mußte sich in sein Schicksal fügen und sah nur, wie hintereinander drei Damen einstiegen — die ältere mit zwei jüngeren — die Billette wurden abgenommen, die Tür war wieder zugeschlagen und der Zug setzte sich auch wirklich schon, kaum wenige Sekunden danach, in Bewegung.

Die Damen brauchten noch einige Zeit, bis sie das ihnen nachgeschobene, nicht unbedeutende Gepäck untergebracht und ihre eigenen Sitze eingenommen hatten. Die ältere Dame setzte sich gleich rückwärts dicht zur Tür — es war nicht das erste Mal, daß sie die Eisenbahn benützte.

„Willst du dich nicht in die Ecke setzen, Olga?“ fragte sie die jüngste in französischer Sprache.

„Ich danke dir, Mama,“ erwiderte diese, „ich fahre auch lieber rückwärts, der Funken wegen, — ich werde jene Abteilung[1] einnehmen.“

Sie wählte ihren Platz Fritz schräg gegenüber, der, mit dem Gesicht nach vorn, am offenen Fenster saß und sich leicht verbeugte, als sie ihren Sitz einnahm. Sie dankte freundlich und außerordentlich graziös. Die dritte Dame placierte sich der älteren gegenüber, so daß die vier Personen jede ein Vierteil des Wagens behaupteten.

Deutsche waren es keinenfalls, so viel sah er auf den ersten Blick, also wahrscheinlich Russen, wie der Name Olga verriet. — Olga! — es klang zu reizend, und was für ein bildhübsches Mädchen war es, die ihn trug, mit hellkastanienbraunen, fast blonden Haaren und so lieben, guten Augen! Sie trug ein schwarzes Barett, mit einem brennend roten Flamingobusch darauf, eine Krawatte von derselben Farbe, ein grauwollenes, enganschließendes Kleid und eine chinesische rotseidene Schärpe statt Gürtel.

Die ältere Dame ging in Weiß gekleidet, den Überwurf

von oben bis unten gestickt; eigentlich ein schlechter oder wenigstens unpraktischer Reiseanzug, da man auf der Eisenbahn dem Ruß nicht ausweichen kann. Natürlich sah das Kleid nicht mehr ganz sauber aus. Sonst trug sie das nämliche Barett wie die Tochter, und was für einen entschlossenen Zug die Dame um die etwas starken Lippen hatte, und wie entschieden sie gleich die Füße gegen den Sitz vis-à-vis[1] stemmte! Man sah es ihr an,[2] daß sie sich in dem Coupé wie zu Hause fühlte.

Die dritte Dame hielt sich etwas zurück und ging auch außerordentlich einfach und lange nicht[3] so reich gekleidet — es war jedenfalls die Gesellschafterin, vielleicht gar die Kammerfrau der älteren Dame, die entweder eine russische oder polnische Gräfin sein mußte, denn *unter* dem Grafenstand — wenn auch oft nur nominell — erhalten wir selten etwas[4] von daher.

Fritz hätte mit seiner Beobachtung recht gut zu Ende sein können; aber sein Blick flog immer wieder zu dem reizenden Wesen zurück, das ihm schräg gegenüber saß, sonst aber gar nicht so tat, als ob er überhaupt auf der Welt wäre. Die Damen schienen sich allerdings den Umständen entsprechend eingerichtet zu haben;[5] aber sie verkehrten noch sehr lebhaft mit einander, jetzt aber in einer vollkommen fremden Sprache — jedenfalls russisch oder polnisch — von der er keine Silbe verstand. Aber unterhielten sie sich denn über ihn? — sie warfen wenigstens, während sie mit einander sprachen, manchmal einen forschenden Blick nach ihm herüber und lachten und kicherten nachher mit einander. Fritz wurde blutrot im Gesicht, denn plötzlich kam ihm der Gedanke, daß er, aller Wahrscheinlichkeit nach, auch einem russischen Müller oder Meier[1] ähnlich sehen müsse, was dann jedenfalls die Heiterkeit der Damen erweckt haben konnte. — Es war rein zum Verzweifeln, wenn er sich nur die Möglichkeit einer solchen Tatsache dachte.

Plötzlich bog sich das reizende Geschöpf zu ihm über und sagte in deutscher Sprache, wenn auch mit fremdartigem Akzent und einer gar so herzigen, silberklingenden Stimme:

„Geniert es Sie vielleicht, wenn wir rauchen, mein Herr?“

Fritz mußte in dem Moment ein außerordentlich dummes Gesicht gemacht haben, denn er sah die junge Dame so verdutzt an, daß sich im Nu ein Paar allerliebste Grübchen in ihren beiden Wangen bildeten. Das brachte ihn aber zu sich selber; er wurde feuerrot und stammelte, indem er verlegen nach seiner eigenen Cigarrentasche griff:

„O, mein gnädiges Fräulein,[2] gewiß nicht. Wenn Sie mir vielleicht erlauben wollten, Ihnen eine Cigarre anzubieten —“

„Nein, danke vielmals,“ lachte aber jetzt das junge Geschöpf, indem sie abwehrend die kleine Hand vorstreckte, „wir führen unsere eigenen Cigarren mit!“

Und sich wieder mit ein paar Worten zu ihrer Begleiterin wendend, holten beide sehr niedlich geflochtene Cigarrentaschen heraus und Fritz bemerkte dabei zu seinem Erstaunen, daß sie selbst nicht ohne Feuerzeug, also völlig ausgerüstet waren. Sie lachten und plauderten dabei wieder in ihrer eigenen, unentwirrbaren Sprache, ohne von dem Fremden weiter Notiz zu nehmen oder ihn doch wenigstens dabei anzusehen, denn dem jungen Maler kam es immer noch so vor, als ob sie sich über ihn unterhielten. Selbst in der fremden Sprache, von der sie doch nicht vermuten konnten, daß er sie verstehe, flüsterten sie ein paarmal einige Worte, daß er nicht einmal die Laute hören konnte. Die Kammerfrau oder Gesellschafterin — Fritz konnte nicht recht klug daraus werden[1] — nahm übrigens keinen Teil an der Unterhaltung, sondern sah still und schweigend aus dem entgegengesetzten Fenster. Möglich, daß sie selber nicht der fremden Sprache mächtig war. Es wurde dem jungen Maler auch zuletzt so lästig, daß er beschloß, dem[2] unter jeder Bedingung ein Ende zu machen.

„Mein gnädiges Fräulein," wandte[3] er sich wieder an seine ihm schräg gegenübersitzende Nachbarin, diesmal aber in französischer Sprache, um dadurch vielleicht eine allgemeine Verbindung[4] herzustellen, „vielleicht erlauben Sie auch mir, eine Cigarre anzuzünden?"

„O sicher, sicher!" rief die junge Dame aus, „wie könnten wir es Ihnen wehren wollen, da wir selber rauchen! — aber," fügte sie, über und über errötend, hinzu, „ich muß vorher wohl recht schlecht deutsch gesprochen haben, daß Sie mich jetzt französisch anreden?“

Jetzt war Fritz an der Reihe, rot zu werden, und er besorgte das gründlich, sah sich auch kaum imstande, einige ungeschickte Entschuldigungen zu stammeln, daß es sicher nicht der Fall wäre und er sie, nach ihrer deutschen Aussprache, kaum für eine Fremde gehalten hätte.[1] Seinen Zweck schien er aber doch erreicht zu haben, denn die ältere Dame, wie sie fand, daß sie sich mit ihm unterhalten könne, knüpfte jetzt richtig ein Gespräch mit ihm an und fragte ihn, wohin er reise. Er erwiderte, daß er nur auf einer Vergnügungsreise begriffen wäre und es ganz von den Umständen abhängig gemacht habe,[2] welche Richtung er in der nächsten Zeit einschlüge.

„Nicht wahr,[3] Sie haben Warschau[4] schon einmal besucht?“ fragte die Alte wieder, und Fritz fühlte, wie ihm das Blut ins Gesicht stieg — dahinter stak wieder der verwünschte polnische Meier.

„Woher vermuten Sie das?“ fragte er auch gleich mißtrauisch. „Ich kenne Warschau gar nicht und war nie dort.“

„In der Tat? — und ich hätte doch darauf geschworen, Sie dort schon einmal gesehen zu haben.“

Richtig, wie er vermutet![5] Es war rein zum Totschießen![6]

„Es ist merkwürdig!“ versicherte die Dame und geriet wieder in das unselige Polnische hinein, in dem sie sich mit ihrer Gesellschaft weiter unterhielt, ohne von dem jungen

Mann mehr Notiz zu nehmen. Die junge Dame mochte aber doch wohl fühlen,[1] daß das nicht ganz schicklich sei; und sich wieder freundlich zu ihm wendend sagte sie ihm, daß sie dann jedenfalls bis Frankfurt zusammen reisen würden, da sie die Absicht hätten, nach Mainz zu gehen, dort einige Zeit zu bleiben und dann die Rheinfahrt abwärts zu machen.

„Auch ich werde wahrscheinlich direkt nach Mainz durchgehen," sagte Fritz rasch entschlossen, denn die junge Dame machte einen gar so angenehmen Eindruck auf ihn, und in Frankfurt hatte er doch nichts weiter zu tun. Er bediente sich jetzt auch wieder des Deutschen, um ihr zu beweisen, daß sie ihn vorhin in einem falschen Verdacht gehabt.

„Aber weshalb sprechen Sie nicht französisch?" fragte sie ihn; „ich komme viel besser darin fort."

„Gewiß nicht besser als im Deutschen, mein gnädiges Fräulein," erwiderte jetzt Fritz galant, „ich spreche es selber nicht korrekter."

„Sie sind *sehr* liebenswürdig," lächelte das junge Mädchen und zeigte dabei ein Paar wunderbare Reihen von Perlenzähnen, „meine Schwächen so vollkommen zu übersehen. Aber ich liebe das Deutsche und benutze es gern; — doch, was ich Sie fragen wollte: sind Sie in Frankfurt bekannt und können Sie uns vielleicht ein gutes Hotel empfehlen? Man soll[2] da so geprellt werden."

„Ich habe bis jetzt immer im Landsberg gewohnt," sagte Fritz, „und werde auch diesmal dort übernachten; es ist ein gutes Hotel mit mäßigen Preisen. Sie brauchen nicht zu fürchten, dort überfordert zu werden."

„Sehr schön — Landsberg, sagten Sie?"

„Jawohl."

„Ich werde mir den Namen merken und bin Ihnen sehr dankbar."

Wieder hielten sie an einer Station — es war Hanau —[1] und jetzt wurden sämtliche Wagen in Anspruch genommen, um eine wahre Völkerwanderung[2] israelitischer Familien aufzunehmen und nach Frankfurt in ihre Heimat[3] zu befördern.

„Hier gehen noch vier Personen herein!" rief der Oberschaffner, der die Tür öffnete und selber nachsah, „steigen Sie rasch ein!"

„Aber mer[4] sind fünf, Herr Kondokteur," sagte eine ältliche Dame, die am linken Arm einen riesigen Arbeitskorb und auf dem rechten ein schreiendes Kind hatte.

„Das Kind zählt ja doch nicht," sagte dieser, "machen Sie nur rasch!"

„Aber der Jakob muß aach[5] herein — mer kennen uns doch nicht trennen — Jakob, wo bist de?"

„Machen Sie's, wie Sie wollen!" rief der Kondukteur, „ich habe keine Zeit weiter — das ist das letzte freie Coupé, sonst muß ich Sie alle einzeln wegstecken."

„Gott, der Gerechte[6] — von die Kinder weg!" rief die Frau und fuhr wie der Blitz in die Tür hinein. — Olga glitt rasch von ihrem Platz fort und zur Mutter hinüber, damit sie von dieser nicht getrennt würde, und mit ein klein wenig Geistesgegenwart hätte ihr Fritz folgen können; aber er versäumte den richtigen und allein möglichen Moment, und wenige Sekunden später hatte sich die jüdische Familie, mit Mann, Weib und Nachkommenschaft zwischen ihn und Olga geschoben. Ja, sogar Jakob war[1] mit eingestiegen und, da er keinen Platz mehr fand, stehen geblieben, setzte sich aber auch gleich darauf, als hinten wahrscheinlich einige Wagen angeschoben wurden und der Zug einen Ruck tat, der älteren Polin auf den Schoß,[2] die darüber entrüstet aufschrie und nach dem Kondukteur rief.

Fritz nahm sich ihrer an und rief einen der Leute herbei, dem er den überzähligen Jakob denunzierte. Dieser mußte wieder hinaus und verschwand gleich darauf in der schon draußen einbrechenden Dunkelheit, während die Mutter einmal über das andere[3] rief:

„Wenn mer 'n[4] nur wieder finne in Frankfort, den Jakob!"

„Wär' ein Unglück," sagte endlich der viel vernünftigere Vater, „wenn mer 'n nich[5] fänden, als er weiß, wo mer wohne in Frankfort!"

An eine Unterhaltung war jetzt weiter nicht zu denken.[6] Die eben eingetroffene Familie führte diese mit lautester Stimme und in echt jüdischem Dialekt ganz allein, und Fritz drückte sich mißmutig in die Ecke. In dieser Weise ging es bis nach Frankfurt, nur mit einigen Zwischenfällen, fort[7] — die kleine Rebekka hatte sich auf den mitgenommenen

Butterkuchen gesetzt und diesen nicht allein vollständig platt gedrückt, sondern auch, wie eine genaue Besichtigung der betreffenden Kleiderteile ergab, einen großen Fettflecken in ihr seidenes „Robche"[1] bekommen. Darüber entsetzt, ließ die Mutter ihren Strickbeutel fallen, aus dem sich eine Partie Schlüssel nach allen Richtungen hin über den Boden des Coupés zerstreuten und zur Bequemlichkeit der übrigen Reisenden wieder mit lautem Gejammer zusammengefühlt[2] werden mußten — kurz, es war eine unbeschreibliche Unruhe in das Coupé gekommen, das der Geruch des warmen Butterkuchens nur noch unbehaglicher machte. Glücklicherweise war die Strecke nicht mehr so lang und Fritz dankte seinem Schöpfer, als die Lokomotive wieder ihren langatmigen grellen Pfiff abgab — ein Zeichen, daß sie sich der Endstation näherten. Dort überließen sie auch die liebenswürdige Familie sich selbst, von welcher[3] der Vater und die Kinder noch emsig nach fehlenden Schlüsseln suchten, während die Mutter draußen auf dem Perron ängstlich und laut nach „Jakobche" schrie und endlich zu ihrer Beruhigung aus weiter Ferne eine Antwort erhielt.

Viertes Kapitel.

Waren Sie schon einmal in Nürnberg?

Es versteht sich eigentlich von selbst, daß Fritz an dem Abend und nach ihrer Ankunft in Frankfurt den hier völlig unbekannten Damen mit ihrem Gepäck half, wie ihnen ebenfalls eine Droschke besorgte. Er erhielt auch zu seiner Freude die Erlaubnis, dieselbe in das vorgeschlagene Hotel, den Landsberg, zu dirigieren und konnte wenigstens noch eine halbe Stunde unten an der table d'hôte[1] mit ihnen zusammen sein. Dort wurde denn auch besprochen,[2] die Fahrt nach Mainz morgen früh gemeinschaftlich zu machen, und als sich die Damen — Olga war gar so liebenswürdig gewesen — bald in ihre Gemächer zurückzogen, blieb Fritz noch unten in bester Laune sitzen, um einer Flasche ausgezeichneten Hochheimers zuzusprechen.[3]

Am nächsten Morgen hätte er beinahe die Zeit verschlafen, so süß träumte er von allerlei märchenhaften und zauberschönen Dingen, in welchen die hübsche Polin natürlich eine Hauptrolle spielte. Glücklicherweise erwachte er aber doch noch früh genug, um sich fertig ankleiden und ein etwas beschleunigtes Frühstück nehmen zu können. Die Damen saßen schon im Wagen und schienen auf ihn gewartet zu haben, d. h.[4] der Omnibus war nicht eher fortgefahren, bis er den einen säumigen Passagier noch hatte. Er entschuldigte sich jetzt auf das lebhafteste und war auch wirklich feuerrot dabei geworden. Olgu empfing ihn aber mit einem gar so lieben Lächeln, und sein Vergehen schien schon vergessen und vergeben, ehe er nur seinen Sitz im Wagen eingenommen hatte.

Und wie wunderbar schön das junge Mädchen heute war, wie morgenfrisch; aber die alte Dame trug noch immer ihr weißgesticktes, sehr schmutziges Kleid von gestern, was ihn etwas störte. Glücklicherweise saß er neben der jungen, und sie plauderte auch heute nach Herzenslust und lachte noch über ihre gestrige Gesellschaft von Hanau — die jüdische Familie und den verlorenen Jakob, wie über die im Wagen ausgestreuten Schlüssel.

Aber wie rasch verging ihm die Zeit auf der kurzen Fahrt! Er bemerkte kaum die zahllosen Haltestellen,[1] und es deuchte ihm nur wenige Minuten, daß sie abgefahren wären, als sie schon über die prachtvolle Mainzer Rheinbrücke rasselten und die Lokomotive ihren schrillen, langgezogenen Pfiff ausstieß.

„Aber wo werden Sie in Mainz logieren?“ fragte Fritz jetzt plötzlich, wie aus einem Traume erwachend, denn daran hatte er noch gar nicht gedacht.

Der Zug rollte eben an den Festungswerken vorüber[2] und durch sie hin in den Bahnhof hinein.

„Ich weiß es wirklich noch nicht,“ sagte Olga, und es war fast, als ob sie bei der Frage etwas verlegen würde; „es ist möglich, daß uns jemand am Bahnhof erwartet.“

„In der Tat?“ sagte Fritz bestürzt, aber es blieb ihm keine Zeit zu weiteren Fragen — der Zug glitt in den Bahnhof hinein und hielt an; die Damen waren aufgestanden, um ihr verschiedenes Gepäck zusammenzusuchen, die Tür wurde geöffnet, und als Olga den Kopf hinaussteckte, stieß sie einen freudigen Ruf aus und winkte mit dem Taschentuch draußen irgend jemand zu, der nicht säumte, herbei zu eilen. Fritz bemerkte auch zu seiner nicht eben angenehmen Überraschung einen sehr hübschen, etwas fremdländisch aussehenden, aber sehr elegant gekleideten jungen Mann, der vornehm nachlässig[1] auf dem Perron herankam und leicht den Hut gegen die Damen lüftete. Er half dann Olga aus dem Wagen, nachher der älteren Dame — um die Gesellschafterin kümmerte er sich nicht — und übernahm den Gepäckschein,[2] den er einem Diener in Livree einhändigte.

Fritz war ebenfalls ausgestiegen und stand in einiger Verlegenheit neben Olga. Er schien noch gar nicht mit sich im reinen, ob er sich so plötzlich durch die Erscheinung des Fremden solle abweisen lassen — das konnte ja recht gut ihr Bruder sein — er wechselte auch einige Worte in der fremden Sprache mit der alten Dame — es war jedenfalls ihr Bruder.

„Ach, lieber Wladimir," sagte da Olga in französischer Sprache, indem ihr Blick zufällig auf Fritz Wessel fiel, „erlaube mir, dir unseren Reisegefährten vorzustellen, der sich unsrer sehr freundlich angenommen hat. Ich weiß aber Ihren Namen noch nicht einmal, mein Herr."

„Friedrich Wessel," stammelte Fritz, ordentlich purpurrot werdend.

Der fremde junge Mann lüftete vornehm den Hut.

„Mein Gemahl," fuhr Olga, auf ihn zeigend, fort und hing sich an seinen Arm; „es hat uns recht gefreut, Ihre Bekanntschaft gemacht zu haben."

Fort ging sie; die alte Polin mit ihrem schmutzig weißen Kleide schleifte vornehm grüßend an ihm vorüber, die Gesellschafterin folgte mit zwei Reisesäcken und drei Hutschachteln, und Fritz sah die Gestalten, wie die Figuren einer Laterna magica[1] an sich vorüberziehen und stand dort, an die Stelle gebannt, wie in einem Halbtraum, als sie schon längst den Bahnhof verlassen hatten.

„Mein Gemahl!“ stöhnte er dann endlich leise vor sich hin,—„mein Gemahl—und von mir hat sie sich die ganze Reise „gnädiges Fräulein“ nennen lassen!“

„Haben Sie kein Gepäck?“ Mit der Frage rief ihn einer der Kofferträger wieder zum wirklichen Leben zurück.

„Ja — allerdings —“

„Ihren Zettel!“

„Hier!“

„Wo wollen Sie logieren?“

„Im nächsten Hotel.“

Fritz war noch gar nicht mit sich im reinen, ob er nach dem eben Vorgefallenen hier überhaupt logieren wolle — aber wohin gleich?[2] Ein Zug ging überdies nicht so bald wieder ab, und wenn er nun vielleicht mit einem Dampfschiff den Strom hinabgegangen wäre? Aber, zum Henker auch, was kümmerte[3] ihn die Polin und ob sie verheiratet war oder nicht — er hätte sie doch nicht zur Frau gemocht — kokettes Frauenzimmer,[4] das sich ganz ruhig „gnädiges Fräulein“ nennen ließ und ihn dann ihrem „Gemahl“ vorstellte. — „O die Weiber!“ murmelte er leise vor sich hin, mit den Worten ein ganzes Geschlecht verdammend, das er eigentlich kaum dem Namen nach kannte, und folgte jetzt seinem Kofferträger in eines der in langer Reihe gerade gegenüberliegenden Hotels, um dort erst einen weiteren Entschluß zu fassen.

Er bemerkte dabei fast gar nicht,[1] daß der Wind jetzt wie ein junger Sturmwind am Ufer des Rheins entlang fegte und den Strom selber mit kleinen Kräuselwellen überdeckte, ja achtete nicht einmal auf die großen, schweren Tropfen, die erst noch einzeln niederschlugen, als er gerade das Portal des Hotels erreichte und dort von einem halben Dutzend Kellnern in Empfang genommen wurde.

Draußen goß es jetzt plötzlich, aber Fritz warf keinen Blick auf die über das Trottoir spritzenden Tropfen zurück — nur an Olga dachte er und dann, durch den Kellner daran erinnert, an ein warmes Frühstück, denn an dem Morgen hatte er nur in aller Hast eine Tasse Kaffee getrunken, um die Gesellschaft jenes zauberisch schönen Wesens nicht zu versäumen. Allerdings ärgerte er sich jetzt über seine Dummheiten; aber es war[2] eben einmal geschehen und da niemand weiter Zeuge gewesen, auch noch kein so großes Unglück — er mußte die Sirene nur so rasch als irgend möglich wieder vergessen.

Vor der Hand[3] widmete er sich mit aller Hingebung seinem Frühstück, trank eine Flasche Wein dazu — eine halbe aus Bedürfnis und die zweite halbe aus Ärger — und sah dabei gedankenvoll zum Fenster hinaus, gegen dessen Scheiben die großen Tropfen jetzt blitzschnell[1] einander folgend anschlugen und lange trübe Rinnen an der Außenseite bildeten.

Rosa Raspe — sonderbar, daß er den so unmelodisch klingenden Namen nicht aus dem Kopf bekam. War es vielleicht gerade deshalb, weil er ihm so unmelodisch klang? Klaus hatte ihm freilich gesagt, daß sich die Familie gegenwärtig gar nicht in Mainz befände; — aber war das vielleicht nur deshalb geschehen, um ihn davon abzuhalten, sie aufzusuchen? Ob er das letztere tat,[2] wußte er freilich selber noch nicht; jedenfalls konnte er sich aber doch unter der Hand[3] erkundigen, ob die Familie gerade in Mainz oder wo sonst sei und dann noch immer tun, was ihm das Beste schien.

„Kellner, haben Sie ein Adreßbuch im Hotel?"

„Zu dienen!" — Das große, schwere Buch lag wenige Minuten später vor ihm aufgeschlagen und unwillkürlich suchte er nach dem Buchstaben R. — Rappen — Raquette — Raslob — Rasmus — Raspe, Gemüsehändler — Raspe, Blechschmied — Alles nicht[4] — Raspe, Buchbinder, auch nicht — Raspe, Dr. med., Bergstraße 32, erste Etage[5] — das war der Rechte — Bergstraße 32. — Hm! er konnte dort in aller Ruhe einmal einen Besuch machen, ohne gleich seinen Empfehlungsbrief abzugeben. — Herr Dr. Raspe brauchte gar nicht zu wissen, wer er sei — er brachte Grüße[6] von Klaus — war auf der Durchreise. Gab er einen falschen Namen an, so galt das später doch jedenfalls nur als ein Scherz.

„Kellner! eine Droschke!“ — Der Regen hatte noch nicht aufgehört — das Gewitter war vorübergezogen; es donnerte und blitzte wenigstens nicht mehr, aber es goß noch und während die Droschke geholt wurde, wechselte er rasch seine Wäsche.

„Wohin wollen Sie?“ frug[1] der Droschkenkutscher, als er endlich in den seiner harrenden Wagen stieg.

„Dr. Raspe.“

„Bergstraße?“ frug der Mann.

„Kennen Sie das Haus?“

„Na gewiß!“ erwiderte dieser und setzte sein Pferd in Trab. Er bog auch augenblicklich in die Stadt selber[2] ein und Fritz kam eigentlich erst in der einsamen Droschke zur Besinnung und überlegte sich jetzt, weshalb er denn nur eine so entsetzliche Eile gezeigt habe, um jenen Dr. Raspe zu besuchen, und welche vernünftige und mögliche Ausrede er nur zu seiner Entschuldigung vorbringen könne.

Aber ehe er noch zu einem definitiven Entschluß gekommen war, hielt die Droschke schon dicht vor einem großen, düstern Torweg[3] und der abscheuliche Regen hatte sich indessen eher verstärkt als vermindert und dicht vor dem Hause schoß ein ordentlicher kleiner Bergbach vorüber. Er drückte also dem Kutscher durch das vordere Droschkenfenster ein Fünfgroschenstück in die Hand und sprang dann, den Schlag wieder hinter sich zuwerfend, unter den Vorbau des Tors, wo er einen großen Klingelzug entdeckte.

An diesem zog er, und fast unmittelbar danach schnappte

ein Riegel und die Haustür klaffte auf, ohne daß er jemand bemerken konnte — sie mußte durch einen Zug geöffnet sein. Als er aber hineintrat, fand er sich noch keineswegs im Hausflur selber, sondern erst vor einer andern Tür, ebenfalls aus starkem braunem Eichenholz, in welcher er einen kleinen Schieber mit Glasfenster bemerkte.

„Alle Wetter!“[1] lachte Fritz still vor sich hin, „Dr. Raspe bewahrt seine beiden holden Blumen, Veilchen und Rose, ganz vortrefflich hinter Schloß und Riegel; aber Klaus Beldorf hat doch den Weg hineingefunden und so wird ja auch wohl für mich die Zugbrücke[2] niedergelassen werden — aha, da kommt schon der Burgwart.“

Der kleine Schieber wurde in dem Augenblick geöffnet und Fritz bemerkte das Gesicht irgend eines Individuums, das ihn selber aber gar nicht an-,[3] sondern an ihm vorbei in die Ecke des Torwegs sah und dabei mit einer tiefen Grabesstimme sagte:

„Zu wem wollen Sie?“

Fritz schaute sich im ersten Moment wirklich etwas überrascht um,[4] ob er vielleicht jemand übersehen habe, der noch mit ihm in dem engen Vorhaus stände; aber er befand sich vollkommen allein — die Anrede mußte jedenfalls ihm gegolten haben, und ohne sich lange zu besinnen, fragte er:

„Ist der Herr Doktor zu Hause?“

„Ja.“

„Also nicht verreist?“

„Nein.“

„Seine Familie auch nicht?"

„Nein — was wollen Sie von ihm?"

Dem jungen Mann kam die Frage eigentlich sonderbar vor. Was ging das den Menschen an, was er von dem Doktor wollte? um aber nicht länger aufgehalten zu werden, sagte er:

„Ich komme im Auftrag eines Freundes — ich habe ihm etwas mitzuteilen."

„So!" erwiderte der Mann und fing an, langsam die Tür aufzuschließen. „Na, dann gehen Sie nur hinauf! ich komme gleich nach."

Fritz betrat einen halbdunkeln, mit Eichenholz ausgetäfelten Raum, der eigentlich etwas Unheimliches hatte; er sah gar so düster aus und war so leer und öde; aber wahrscheinlich bewohnte der Doktor das ganze Haus und konnte dann natürlich keine Möbel in den Vorsaal stellen.

Der Mann, der, wie Fritz jetzt bemerkte, entsetzlich schielte, schloß indessen die Tür wieder hinter ihm — die vordere war ebenfalls von selber eingeschnappt — und sagte dann:

„Gehen Sie nur die erste Treppe hinauf! ich komme gleich nach; ich muß erst den Schlüssel holen." Und damit schritt er in sein Zimmer zurück, während Fritz langsam vor sich hin mit dem Kopf schüttelte.

„Sonderbar," murmelte er dabei, „Doktor Raspe wird mir immer interessanter. Der macht ja ein wahres Kloster aus seiner Burg. Jetzt werde ich wirklich neugierig, die beiden Blumen, die er hier bewacht, kennen zu lernen. Jedenfalls ist er selber ein wunderlicher alter Kauz,[1] mit dem ich mich freue Bekanntschaft zu machen. Solche Menschen bilden doch eine Abwechslung im Leben."

Mit derartigen Gedanken stieg er die breite hölzerne Treppe rasch hinauf, blieb hier aber stehen, denn er hatte den Torwärter nicht einmal gefragt, ob der Doktor im ersten oder zweiten Stock wohne. Jedenfalls aber doch im ersten, nur wußte er nicht, in welcher Tür, denn er befand sich hier plötzlich in einem langen Gang, in den, ähnlich wie in einem Hotel, eine Menge von Türen hineinführten, die auch, wie er jetzt zu seinem Erstaunen bemerkte, mit zwar kleinen, aber doch deutlichen Nummern bezeichnet waren. Er sah sich kopfschüttelnd in dem Raume um; ehe er aber nur einen weiteren Gedanken fassen konnte, öffnete sich plötzlich eine der Türen, und ein bildschönes Mädchen, jedenfalls noch in ihrer Morgentoilette, in einem weißen wallenden Gewand, die Haare aber sorgfältig in zwei lange, prachtvolle Zöpfe geflochten, die ihr vorn über die Schultern herüberhingen, kam heraus, sah sich einen Moment wie scheu um und glitt dann rasch auf ihn zu.

War das Rosa oder Viola? Was für wunderschöne Augenwimpern sie hatte, und wie lieb und doch auch ängstlich ihn die großen dunkelblauen Augensterne ansahen! Er grüßte rasch und artig, aber die junge Dame erwiderte seinen Gruß nicht. Wie schüchtern horchte sie nach der

Treppe hinunter und als sie dort noch keinen Schritt hörte oder sich sonst vielleicht sicher glaubte, glitt sie plötzlich dicht an ihn hinan, legte ihre weiße, fast durchsichtige Hand auf seinen Arm und flüsterte ihm zu:

„Fliehen Sie, so rasch Sie können — noch ist es Zeit — oder Sie sind verloren! Um Gotteswillen fliehen Sie!“

„Aber, mein bestes Fräulein“, sagte Fritz, wirklich erschreckt, „ich habe ja keinem Menschen etwas zu leid getan;[1] und wenn Ihr Herr Vater[2] — “

„Zu spät! o, zu spät!“ seufzte das arme Kind recht aus tiefster Brust, und einen Blick unendlichen Mitleids auf den verblüfft Dastehenden[3] werfend, glitt sie in ihre Tür zurück und drückte sie hinter sich ins Schloß.

Fritz wäre ihr gern gefolgt, um sie um Aufklärung über die eben erhaltene Warnung zu bitten; aber eben kam der Torhüter langsam und hustend die Treppe hinter ihm herauf, und so indiskret mochte[4] er doch auch nicht sein, um die Tür selber wieder zu öffnen, hinter welche sich das schöne Mädchen zurückgezogen hatte. Ehe er aber nur einen weiteren Gedanken fassen konnte, erreichte der Torwächter den oberen Absatz der Treppe, und sich nach links wendend, schloß er hier eine schwere und feste Tür auf, die wieder eine nach oben führende Treppe zeigte.

„So“, sagte er dabei, „gleich rechts in der zweiten Etage ist das Wohn- und Arbeitszimmer des Herrn Doktors. Klopfen Sie nur stark an! er hört ein wenig schwer; er hat ein großes weißes Schild an der Tür.“

Fritz zögerte einen Moment. Er hätte den Mann gern nach der jungen Dame gefragt, aber diese auch vielleicht in Verlegenheit gebracht. Und Gefahr? Du lieber Gott, welche Gefahr konnte ihm hier in einem zivilisierten Lande, ja mitten in einer Festung drohen? Jedenfalls hatte ihn das unselige Mädchen wieder für einen anderen gehalten, der, wer weiß was, hier verbrochen haben mochte[1] und den sie warnen wollte. Es war rein zum Verzweifeln, wenn er sich nur die Möglichkeit dachte. Das aber durfte er den Dienstboten unter keiner Bedingung merken lassen;[2] und ihm nur mit dem Kopf zunickend, zum Zeichen, daß er ihn verstanden habe, stieg er rasch die Treppe hinan, die nach dem oberen Stock zu führte. Es befremdete ihn allerdings ein wenig, daß die schwere Tür wieder hinter ihm verschlossen wurde; aber ohne sich länger mit nutzlosem Nachgrübeln aufzuhalten, sprang er die wenigen Stufen hinauf, die ihn noch von dem oberen Stock trennten.

Ehe er die oberste Stufe erreichte, bemerkte er einen ältlichen, aber sehr breitschultrigen Herrn mit einem etwas roten Gesicht und kleinen, lebhaften, grauen Augen, der, einen roten Fes auf und eine lange Pfeife in der Hand, dabei im Schlafrock und türkischen Pantoffeln, langsam den Gang herunter und auf ihn zukam. Das war jedenfalls der Doktor selber, und auf der zweiten Stufe stehen bleibend und seinen Hut ziehend, sagte er mit freundlicher Verbeugung:

„Habe ich das Vergnügen, Herrn Doktor Raspe begrüßen zu können?“

Der ältliche Herr antwortete ihm nicht gleich — er sah ihn nur ernsthaft und forschend an und sagte dann mit einer tiefen und klangvollen Stimme:

„Waren Sie schon einmal in Nürnberg?“

Nun hätte Fritz allerdings jede andere Frage eher erwartet; denn welches Interesse konnte es für den Doktor haben, ob ein wildfremder Mensch, dessen Namen er noch nicht einmal kannte, schon einmal in Nürnberg war oder nicht? Er mochte auch wohl ein etwas verdutztes Gesicht gemacht haben,[1] jedenfalls lächelte er verlegen und erwiderte dann artig:

„Nein, verehrter Herr, bis jetzt bin ich noch nicht in Nürn —“

Er kam nicht weiter, denn in demselben Moment versetzte ihm der Herr im Schlafrock und mit der langen Pfeife eine so furchtbare und wohlgezielte Ohrfeige,[2] daß er jedenfalls wieder die Treppe hinabgestürzt wäre, wenn er sich nicht rasch, um sein Gleichgewicht zu wahren, an dem Geländer festgehalten hätte. So plötzlich kam auch der Schlag und so völlig unerwartet, daß er gar nicht imstande gewesen war, ihn zu parieren oder ihm nur irgend auszuweichen; und ordentlich betäubt von dem Hieb sah er zu dem groben Menschen auf. Dieser aber, ohne die geringste weitere Notiz von ihm zu nehmen, drehte sich ab und schritt so ruhig den Gang wieder hinunter, als ob er nur eine Fliege an der Wand totgeschlagen und nicht einen jungen lebhaften Mann bis in die innerste Seele hinein beleidigt hätte.

Fünftes Kapitel.

In der Spielhölle.

Fritz Wessel blieb so wohl fünf bis sechs Sekunden in seiner Stellung, denn bei etwas so völlig Unerwartetem geschieht es ja wohl öfter, daß uns Erstaunen und Überraschung für einen Moment wie mit einem Zauber gebannt halten. Sein erster Gedanke war auch; „dieser verwünschte Doktor Raspe hat dich heilig[1] wieder für einen ganz andern gehalten, und die Ohrfeige war irgend einem Mainzer Müller oder Meier zugedacht;" aber der Zorn gewann doch rasch bei ihm die Oberhand — die Behandlung war zu nichtswürdig und die Ohrfeige selber so heftig gewesen, daß er ordentlich fühlte, wie ihm die Wange anschwoll; ungestraft durfte der Doktor das auch nicht verübt haben.[2] Mit dem Gedanken sprang er auch die letzte Stufe hinauf, die ihn noch von der oberen Etage trennte, um dem Frevler nachzueilen, als dicht vor ihm eine Tür aufgerissen wurde und ein Herr, in einem braunen Überrock eingeknöpft,[3] dabei eine Brille auf und ein Buch in der Hand, auf den Gang und gegen den vermeintlichen Doktor selber ansprang.

„Was haben Sie hier draußen zu tun, Herr Hauptmann?" rief er[4] diesen an. „Wissen Sie nicht, daß der General strenge Ordre gegeben hat, daß keiner der Herren Offiziere[5] sein Quartier verlasse? soll ich Sie zur Anzeige bringen?"

„Bitte tausendmal um Entschuldigung," sagte der Herr im Schlafrock, jetzt aber, obgleich er sich vorher so roh benommen, vollkommen eingeschüchtert und mit der demütigsten Miene von der Welt; „ich war ganz in Gedanken gewesen, Herr Doktor!"

Und damit schlüpfte er, wie froh, den weiteren Vorwürfen zu entgehen, in eine der Türen hinein, die hier oben, gerade so wie in der ersten Etage, den Gang entlang lagen. Der Herr in dem braunen Rock bemerkte aber auch in diesem Augenblick den Fremden oder drehte sich jetzt wenigstens, wenn das[1] schon früher geschehen war, gegen ihn.

„Was wünschen Sie und mit wem habe ich die Ehre?"

„Hab' ich das Vergnügen, Herrn Doktor Raspe vor mir zu sehen?" fragte Fritz, der sich vor allen Dingen erst einmal von der Identität des Mannes überzeugen wollte, dann sprach[2] er nachher selber mit jenem Herrn Hauptmann, dessen Verhältnis zu dem Doktor er allerdings noch nicht recht begriff.

„Ich weiß nicht, ob ich Sie recht verstanden habe," sagte der Herr mit der Brille, „mein Name ist Doktor Aspelt — wünschen Sie mich zu sprechen?"[3]

„Aspelt?" rief Fritz verdutzt; „zu Herrn Doktor Raspe wollte ich und der Droschkenkutscher fuhr mich vor dies Haus."

„Das ist dann eine einfache Verwechslung," erwiderte der Herr in dem braunen Rock kalt, „Herr Doktor Raspe wohnt allerdings in der nämlichen Straße, aber etwa sechs oder sieben Häuser weiter unten an der entgegengesetzten Seite."

„Dann bitte ich allerdings um Entschuldigung, Sie gestört zu haben," sagte Fritz, eben nicht besonders erfreut darüber, „ersuche Sie aber auch gleichzeitig um den Namen jenes Herrn, mit dem Sie sich da eben unterhielten, und möchte mit ihm, ehe ich das Haus wieder verlasse, ein paar Worte sprechen."

„Weshalb, wenn ich fragen darf?"

„Er hat mich auf die gröblichste Weise insultiert, und ich möchte mir eine Erklärung von ihm ausbitten."

„Trafen Sie ihn hier an der Treppe?"

„Ja."

„Und er fragte Sie, ob Sie in Nürnberg gewesen wären?" sagte Doktor Aspelt.

Fritz kam es fast vor, als ob etwas wie ein Lächeln um seine Lippen zucke.

„Allerdings," erwiderte Fritz, die Brauen finster zusammenziehend, denn er dachte gar nicht daran, sich auch noch verhöhnen zu lassen;[1] „aber gleich darauf, ohne die geringste Veranlassung—"

„Sie verneinten die Frage?"

„Allerdings."

„Mein lieber Herr," erwiderte ihm jetzt der Doktor Aspelt, „ich muß Sie vor allen Dingen darauf aufmerksam machen,[2] daß Sie hier aus Versehen in eine Privat-

Irrenanstalt geraten sind und da zu meinem Bedauern einem meiner, sonst allerdings ganz harmlosen Kranken begegneten."

„Eine Irrenanstalt?" rief Fritz fast erschreckt aus.

„Allerdings, und der Hauptmann — so vollkommen harmlos er sonst ist — hat die einzige Manie, jeden Menschen tätlich anzugreifen,[1] der ihm ableugnet, daß er[2] in Nürnberg gewesen wäre, weil er behauptet, das ganze Menschengeschlecht stamme von dort her. Mein Esel von Torhüter hätte Sie auch darauf aufmerksam machen sollen. — Sie werden aber doch jetzt wahrscheinlich von dem Unglücklichen keine Genugtuung verlangen wollen!"

„Und die junge Dame in der ersten Etage?" sagte Fritz ganz verwirrt.

„Welche junge Dame?"

„Ein bildhübsches junges Mädchen, das aus der Tür zunächst der Treppe kam und mir zuflüsterte, das Haus so rasch als möglich zu fliehen."

„Meine arme Gräfin!" sagte der Arzt, „sie wurde[3] mit ihren Eltern in Italien von einer Räuberbande überfallen und dabei wahnsinnig."

„Und empfängt der Hauptmann *alle* Besucher auf diese Art?"

„Nein," lächelte der Doktor, „wenn sie ihm seine Frage bejahen, so ist er unendlich liebenswürdig mit ihnen, schüttelt ihnen die Hand und ladet sie auf nächsten Mittag zu einem großen Diner ein, das er schon seit drei Jahren zu geben beabsichtigt."

„Sehr angenehm,“ sagte Fritz, der sich doch ein wenig gekränkt fühlte, daß der Doktor die Sache so von der humoristischen Seite betrachtete; er verspürte aber auch keine besondere Lust, die Unterhaltung hier oben an der Treppe fortzusetzen. Von einem Verrückten konnte er überdies keine Erklärung verlangen. Das Unglück war einmal geschehen und es blieb ihm jetzt nichts weiter übrig, als dies unheimliche Gebäude so rasch als möglich zu verlassen. „Sie entschuldigen, Herr Doktor,“ fuhr er kalt höflich[1] fort, „daß ich Ihre wahrscheinlich kostbare Zeit so in Anspruch genommen habe.“[2]

„Bitte, hat nichts zu sagen[3] — Herrn Doktor Raspes Haus finden Sie schräg gegenüber, Nr. 32, glaub' ich.“

„Ich danke Ihnen.“

„Bitte, warten Sie einen Augenblick,“ sagte aber der Doktor, indem er auf eine kleine versteckte Feder drückte, wonach Fritz unten im Haus eine feine Klingel hörte; „mein Torwärter muß erst aufschließen, sonst könnten Sie in der ersten Etage noch Unannehmlichkeiten haben. Es befinden sich da einige Damen, die mit uns selber sehr harmlos verkehren, aber kein fremdes Gesicht leiden können.“

„Ich danke Ihnen,“ sagte Fritz, „ich habe an der Begegnung vollkommen genug und werde das Andenken wohl ein paar Tage tragen müssen.“

„Ich bedaure wirklich sehr,“ sagte der Doktor, während Fritz recht gut bemerkte, daß er sich die größte Mühe geben mußte, um sein heimliches Lachen zu verbeißen. Er hatte übrigens keine Lust, sich den spöttischen Blicken des Doktors länger auszusetzen; unten hörte er das Aufschließen der Tür und mit einem flüchtigen Gruß eilte er die Stufen hinab und hielt sich auch nicht einmal in der ersten Etage auf, über die er nur einen scheuen Blick warf, ob[1] er dort nicht wieder einer oder der andern unheimlichen Erscheinung auszuweichen habe. Aber der Gang war vollständig leer und er eilte auch die andere Treppenabteilung hinab, wo er jedoch an der inneren Tür auf den langsam hinter ihm drein kommenden Schließer warten mußte.

Und wie wehe ihm seine Wange tat! Er konnte ordentlich fühlen, daß sie von Minute zu Minute mehr anschwoll. — Der verfluchte Hauptmann mit seiner fixen Idee![2]

Der Schließer kam jetzt herunter, schielte aber, während er aufschloß, mit einem ganz eigentümlichen Zug um den Mund, an dem jungen Mann vorbei. Der Schließer sagte nichts, ließ ihn in die Vorhalle und schloß dann die eigentliche Haustür auf. Nur erst als er diese öffnete, und ehe Fritz hinaus konnte, fragte er mit einem eigenen trockenen Humor, indem er aber wieder nach einer ganz anderen Richtung hinsah:

„Sie waren wohl noch nicht in Nürnberg?“

„Gehen Sie zum Teufel!“ rief aber auch jetzt der junge Maler, ärgerlich gemacht, indem er die Haustür aufriß und auf die Straße hinauseilte. Sein Taschentuch an die Wange haltend, eilte er die Straße wieder hinab, bis er einer Droschke begegnete und sich hineinwarf. Er fuhr auch direkt in das Hotel zurück, denn mit diesem Gesicht konnte er sich doch jetzt unmöglich bei Doktor Raspe und seinen beiden Töchtern sehen lassen[1] — er durfte sich unter keiner Bedingung lächerlich machen.

„Mein Gott!" sagte der Kellner, als er dort abstieg, „Sie haben wohl Zahnweh?"

„Schändliches," erwiederte Fritz. „Ich war beim Zahnarzt. Apropos, wann geht der nächste Zug zu Tal?"

„Der nächste Zug? Um halb zwei Uhr."

„Ich werde mit dem fahren; bitte um meine Rechnung."[2]

„Wollen Sie nicht erst table d'hôte speisen!"

„Danke Ihnen;[3] mit dem Gesicht? — Bitte, machen Sie nur rasch!"

„Wie Sie befehlen."

„Und daß der Hausknecht meine Sachen herunterbringt."[4]

„Ich werde ihn gleich rufen."

Eine halbe Stunde später saß Fritz Wessel, wieder in eben nicht besonderer Laune, drüben in der geräumigen Restauration des Bahnhofs und wartete auf die Abfahrt des Zugs, der ihn — gleichviel wohin — nur fort von Mainz bringen sollte, um jetzt nicht etwa zufällig jenem verführerischen Wesen, der Polin Olga, oder dem wirklichen Doktor Raspe und seinen Töchtern zu begegnen.

Wohin er jetzt eigentlich fuhr, wußte er selber nicht; das Beste war,[5] erst einmal bis Koblenz[6] Billet zu nehmen; von dort konnte er nicht allein jeden Augenblick weiter, sondern behielt auch für unterwegs Zeit, sich einen künftigen

Reiseplan zu entwerfen. Der Zug rasselte bald darauf an dem schönen Rhein dahin und erreichte Koblenz noch am hellen Tag; aber Fritz ließ sich, an Ort und Stelle endlich angekommen, in einem Hotel zweiten Ranges[1] ein Zimmer geben, trug einen fremden Namen in das Fremdenbuch ein und war fest entschlossen, hier so lange inkognito zu bleiben, bis er seine linke Wange wieder zu ihrer Normalstärke zurück hätte. Unter seinen Empfehlungsbriefen fand er allerdings auch einen nach Koblenz an den Major Buttenholt, einen alten Freund seines Vaters; aber der hatte Zeit.[2] Jetzt konnte er ihn doch nicht abgeben, denn aller Wahrscheinlichkeit nach fand[3] er dort ebenfalls junge Damen im Haus—er wußte ja doch, weshalb ihn sein Vater auf Reisen geschickt—und solchen[4] durfte er in seinem jetzigen Zustand am wenigsten begegnen.

Am nächsten Morgen hatte er allerdings die Genugtuung, zu sehen, daß sich die am letzten Abend nicht unerhebliche Geschwulst bedeutend gelegt habe, aber er mochte sich noch immer nicht auf der Straße oder selbst im Speisesaal blicken lassen,[5] schützte deshalb Unwohlsein vor und blieb auf seinem Zimmer, ja ließ sich selbst das Essen dort hinaufbringen. Erst am dritten Tage schien auch die Wange wieder so weit gefallen, daß er selber vor dem Spiegel keine merkliche Erhöhung mehr entdecken konnte; die Stelle war nur noch ein wenig empfindlich; aber das gab sich[6] ja jetzt auch mit jeder Stunde mehr, und Fritz beschloß deshalb, Koblenz wieder zu verlassen, ohne irgend jemand zu besuchen, ja ohne sich nur die Stadt selbst anzusehen, und lieber einmal nach einem der Badeorte hinüber zu fahren und dort so recht in das wildgesellige Leben einzutauchen, das diese Plätze füllte.

Seiner Karte nach war Ems[1] das nächste Bad, und da er ohnehin schon so viel von der Schönheit des Lahntales gehört, so brachte er diesen Entschluß auch rasch zur Ausführung. Die Fahrt ging rasch von statten und Fritz erstaunte wirklich, als er Ems endlich erreichte und sich plötzlich von solchen Schwärmen geputzter Menschen umgeben sah, daß er eigentlich gar nicht begriff, wie sie alle in dem verhältnismäßig kleinen Ort ein Unterkommen gefunden hätten. Er mußte es übrigens auch an sich[2] erfahren, daß es gar nicht so leicht mehr sei, ein Logis zu bekommen; denn er fuhr in einer Droschke wohl über eine Stunde von einem Hotel zum andern und erhielt überall die Antwort, es sei jetzt mitten in der Saison, und wenn er ein Zimmer hinten hinaus, vier Treppen hoch[3] haben wolle, so könne man ihm vielleicht willfahren — sonst bedauere man sehr.[4] Die Kellner hielten sich dabei nicht einmal besonders lange mit ihm auf, gaben ihm nur Antwort und schlenderten dann jedes Mal mit ihrer Serviette unter dem Arm in das Hotel zurück, es dem Fremden überlassend, ob er noch bei ihnen einkehren wolle oder nicht.

Fritz fand endlich noch in Balzers Hotel ein zufällig gerade frei gewordenes, sehr freundliches Zimmer[5] in der zweiten Etage, kleidete sich dort um und schlenderte dann langsam und jetzt mit einbrechender Nacht über die Brücke hinüber dem Kurhaus[1] zu, um sich dort das eigentliche Leben und Treiben des Ortes ganz in der Nähe in aller Ruhe zu betrachten.

Natürlich war die Spielhölle[2] der Ort, um welchen sich das ganze Leben drehte, und in der Tat gab es auch in Ems keinen andern Platz, weder am rechten noch linken Ufer der Lahn, wo man hätte gemütlich seinen Abend verbringen können. Nun wurde allerdings kein Mensch zum Spiel gezwungen; der Eintritt in die Säle und Lesezimmer war vollkommen frei, Musik gab es ebenfalls und man konnte dort tanzen, plaudern, spazieren gehen oder sich sonst amüsieren, wie man wollte.

Der Zudrang zu den besonderen Spielsälen war ein ganz enormer, und nicht allein Herren beteiligten sich an dem Spiel, sondern auch eine Menge von Damen, die ebensowohl an dem Tische selber Posto faßten, als auch schüchtern daran hingingen, um nur dann und wann einmal einen „Satz“ zu wagen.

Fritz, der ebenfalls gleich das rouge et noir[3] aufsuchte, amüsierte sich — da er selber grundsätzlich nicht spielte — ganz besonders damit, diese verschiedenen Nuancen der Damenwelt zu studieren und beschloß sogar, an einem der nächsten Abende sein kleines Skizzenbuch mit herüber zu bringen, um ein paar Studien zu machen, so weit das nämlich, ohne aufzufallen, geschehen konnte; und wahrlich,

Stoff dazu gab es hier, besonders unter der „schönen Welt,“[1] im Überfluß.

Fritz hatte sich diesen verschiedenen, ihn umschwärmenden Charakteren so mit ganzer Aufmerksamkeit hingegeben, daß er gar nicht bemerkte, wie er selber von verschiedenen Personen beobachtet wurde, und daß sich dann mehrere etwas leise zuflüsterten und ihn immer wieder ansahen. Erst als auch die am Tisch Befindlichen davon angesteckt wurden und selbst vom Spiel weg ihn mit Lorgnetten und Operngucken betrachteten, fing er an Notiz davon zu nehmen und sah sich jetzt in seiner Nachbarschaft um, ob sich dort vielleicht irgend eine auffallende Persönlichkeit befände, die man so allgemein ins Auge gefaßt habe. Er konnte aber nichts Derartiges entdecken, ja er stand an der Stelle, wo er sich gerade befand, fast ganz allein und nur ein alter, sehr ehrwürdig aussehender Herr war noch in seiner Nähe, der aber, wie er jetzt erst entdeckte, eine Art von Livree trug und also jedenfalls mit in den Spielsalon gehörte.

Der alte Herr, der die obere Leitung der Bank zu haben schien, unterhielt sich sogar, den Blick fest auf ihn geheftet, mit einem der Croupiers und dieser winkte dann einen Diener heran, mit dem er etwas flüsterte und dem er jedenfalls einen Auftrag gab. Der Diener nickte wenigstens zustimmend, zum Zeichen, daß er es verstanden, und zog sich dann nach der Tür zurück, durch welche er verschwand. Es dauerte aber keine zehn Minuten, als er mit ein Paar anderen dienstbaren Geistern wieder zurückkehrte und diesen — Fritz behielt ihn scharf im Auge — ganz unverkennbar seine Person bezeichnete. Die beiden Leute kamen auch langsam heran; aber als unser junger Freund schon hoffte, daß er nun irgend eine Aufklärung erhalten würde, blieben sie nur, scheinbar dem Spiel zusehend, in seiner Nähe stehen, und fast aller Augen beobachteten ihn jetzt, wahrscheinlich um zu sehen, wie er sich dabei benehmen würde.

Das war ihm denn doch zuletzt außer dem Spaß, und während ihm das Blut voll in die Schläfe stieg und er ordentlich fühlte, wie er über und über rot wurde, fixierte er einige der ihn anstarrenden Personen fest und entschlossen, um nur erst einmal an irgend jemand einen bestimmten Halt zu bekommen — aber das gelang ihm nicht. Endlich müde, das Ziel einer solchen unerträglichen Aufmerksamkeit zu sein, wandte er sich ab und schritt in den nächsten Saal hinein. Man machte ihm dabei auch höflich, sogar bereitwilliger als jemand anderem, Platz, und da der Menschenschwarm im Spielsaal blieb, glaubte er sich schon jeder lästigen Aufmerksamkeit entzogen zu haben. Ein Blick zurück genügte aber, ihn zu überzeugen, daß ihm die beiden Diener folgten; und wenn sie auch gar nicht so taten, als ob sie von ihm die geringste Notiz nähmen, ließen sie ihn doch keinenfalls aus den Augen.

Er ging in den großen Saal, in welchem überall Gruppen geputzter Herren und Damen saßen und standen oder plaudernd auf und ab gingen; die Diener hielten sich, wenn auch in einiger Entfernung, neben ihm. Er betrat das Lesezimmer und warf sich, irgend ein Journal aufgreifend, in einen der Fauteuils. Einer der Diener kam ebenfalls herein, fing an, den Tisch abzuwischen, und machte sich so lange eine Beschäftigung darin, bis er wieder aufstand und den Platz verließ. Er betrat jetzt die Restauration, aber nicht mit besserem Erfolg; ja, es war augenscheinlich, daß die ihn Verfolgenden dem Restaurateur etwas über ihn zuflüsterten, wonach sich die Kellner einander in die Ohren zischelten und dann ebenfalls jede seiner Bewegungen auf das schärfste beobachteten.

Er ließ sich ein Glas Grog geben, zahlte einen unverschämten Preis dafür und hatte nachher noch die Genugtuung, daß sie den Taler,[1] den er ihnen hinwarf, auf das mißtrauischste untersuchten, klingen und aufspringen ließen[2] und ihn einander zeigten.

„Glauben Sie, daß ich Ihnen falsches Geld geben werde?“ rief er endlich ärgerlich.

„Lieber Gott,“ sagte achselzuckend der Oberkellner, „es kursiert so viel falsches.“

„Wollen Sie mir darauf herausgeben oder nicht?“

„Mit dem größten Vergnügen,“ erwiderte der Bursche.

Fritz verspürte jetzt aber nicht die geringste Lust mehr, sich auch nur einen Moment länger in dem Gebäude aufzuhalten; er schob das zurückerhaltene Geld, ohne es zu zählen, in die Tasche und verließ gleich darauf den Kursaal, um nach Hause zurückzukehren. Er war auch fest entschlossen, morgen mit dem ersten Frühzug Ems wieder zu verlassen. Zu Hause aber stand ihm noch eine Überraschung bevor.

Wie er oben an sein Zimmer kam, fand er dort, mit der größten Geduld seiner harrend, zwei Polizeidiener, die ihn, wie er nur den Schlüssel in die Tür steckte, nach seinem Namen fragten und ihn dann baten, seinen Koffer zu öffnen.

„Was, zum Teufel, ist das nun wieder!“ rief Fritz, jetzt wirklich ärgerlich gemacht, aus, „für wen halten Sie mich?“

„Ist noch schwer zu beurteilen,“ sagte der eine mit einem eigentümlichen Humor, „bis wir erst einmal Ihren Koffer gesehen haben.“

„Aber wer gibt Ihnen das Recht?“

„Bitte, wir sind von der Polizei,“ sagte der Mann wieder, „und die Polizei hat immer recht.“ [1]

„Nun denn, in des Bösen Namen, meinetwegen,“ sagte Fritz in einer wahrhaft verzweifelten Laune; „vorher aber sagen Sie mir, in wessen Auftrag Sie handeln.“

„Mit dem größten Vergnügen,“ erwiderte der Beamte; „im Auftrag des Herrn Polizeidirektors. Machen Sie nur weiter keine Schwierigkeiten, denn es hilft Ihnen nichts und kann Ihre Sache bloß verschlimmern.“

Fritz fühlte, daß der Mann recht hatte, und ohne sich also weiter zu sträuben, öffnete er, sich seiner Unschuld irgend welchem Verdacht gegenüber vollständig bewußt, seinen Koffer, setzte die beiden angezündeten Lichter daneben auf einen Tisch und warf sich dann selber in den nächsten Lehnstuhl, um der Prozedur in aller Ruhe zuzusehen. Er fing an, die Sache von der humoristischen Seite zu betrachten, und nur als er merkte, daß die Hausleute draußen aufmerksam geworden waren und heraufdrängten, stand er noch einmal auf, schloß die Tür und riegelte sie von innen zu. Die neugierige Bande brauchte wenigstens nicht zu wissen, was hier innen vorging, oder gar Zeuge zu sein.

Die Polizeibeamten hielten sich nicht lange bei der Vorrede auf; sie wußten genau, was sie und wie sie es zu tun hatten, und sobald der Koffer geöffnet war, begannen sie ihre genaue Durchforschung desselben, aber allerdings ohne den geringsten Erfolg. Denn es fand sich, außer den Zeichen- und Malergerätschaften, nicht das geringste, was nicht in dem Koffer eines jeden andern Reisenden ebenfalls gefunden werden konnte. Sie waren augenscheinlich in Verlegenheit, denn es gibt für Polizeidiener nichts Fataleres, als jemanden für einen ehrlichen Mann halten zu müssen, den der Polizeidirektor im Verdacht hat, gerade das Gegenteil zu sein.

Es blieb ihnen aber endlich nichts anderes übrig und nur nach der Legitimation des Reisenden fragten sie zuletzt noch, die Fritz in vollgültigster Weise nicht allein in seiner Paßkarte, sondern auch in einem Kreditbrief bei sich hatte.

„Und sonst führen Sie kein Gepäck bei sich?"

„Ja — meine Zeichenmappe dort! Wünschen Sie die

vielleicht auch zu untersuchen, ob Sie silberne Löffel oder vielleicht einen aus einer Kirche gestohlenen Kelch darin entdecken?“

Der Polizeidiener warf einen verzweifelten Blick nach der dünnen Mappe hinüber.

„Dort liegt auch mein Stock und Regenschirm.“

„Bitte, ist nicht nötig,“ sagte der Mann, „wünsche Ihnen einen recht vergnügten Abend.“

„Danke Ihnen, gleichfalls!“ erwiderte Fritz, indem er die Tür wieder aufriegelte, was den beiden Beamten auch als ein Zeichen gelten konnte, daß sie jetzt machen sollten, fortzukommen.[1]

Draußen auf der Treppe wurden Stimmen laut; es waren jedenfalls Inwohner des Hotels, die nach Hause kamen und von den Dienstboten erfragt hatten, was hier oben vorgehe, denn Fritz unterschied deutlich die Worte: „Spitzbuben in Verdacht — Koffer durchsuchen.“ — Das hatte noch gefehlt; aber, zum Henker auch, was kümmerte ihn das fremde Volk! was hatte er mit ihnen zu tun! und noch heute abend um zehn Uhr — denn jetzt blieb er keine Viertelstunde mehr in Ems — konnte er nach Koblenz zurückfahren.

Der eine Polizeidiener hatte sein Brillenfutteral in der Stube liegen lassen; er hielt ihm die Türe offen, um gleich einen der Dienstboten herbeizurufen und seine Rechnung zu verlangen. Es kam jemand die Treppe herauf. Gerade als der Polizeidiener sein Zimmer verließ, betrat eine Dame den oberen Teil der Treppe und Fritz sah sie, wirklich starr vor Schrecken, an — es war Olga. In aller Verlegenheit grüßte er sie auch noch; sie dankte ihm aber gar nicht, ließ nur ihren Blick halb verächtlich, halb stolz von ihm nach den Polizeidienern gleiten, wandte sich dann ab und schritt über den Gang hinüber, ihrem eigenen Zimmer zu.

Fritz bemerkte wohl, daß ihr die alte Dame wahrscheinlich mit ihrem Gemahl noch folgte, aber er hatte wahrlich keine Lust, auch diese abzuwarten; und die Türe zuwerfend, riß er nur hastig an der Klingel, erklärte dem blitzschnell herbeieilenden Dienstmädchen, daß sie ihm die Rechnung und eine Droschke besorgen solle, da er mit dem nächsten Zug nach Koblenz fahre, und packte dann, fast sprachlos vor innerem Grimm, seinen durcheinander gewühlten Koffer[1] wieder zurecht.

Sechstes Kapitel.

Im Hotel.

Fritz war nun allerdings noch einen Moment unschlüssig, ob er nicht doch am Ende lieber, ehe er Ems verließ, einmal auf die Polizei gehen und eine Erklärung dieses unwürdigen Verdachts, wenigstens eine Ursache erfragen solle; aber er überlegte es sich anders. Es war ja doch weiter nichts als sein altes Elend; eine Verwechslung mit irgend einem unglückseligen Menschenkind, das ihm, oder dem er ähnlich sah; und es blieb nur eine verzweifelte Tatsache, daß alle derartigen Individuen nicht etwa ausgezeichnete Persönlichkeiten, sondern gerade im Gegenteil nichtsnutziges Gesindel zu sein und nur dazu bestimmt schienen, ihn gerade in Verlegenheit zu bringen. Was half es ihm also, sich deshalb hier noch aufzuhalten? er würde nur erfahren haben, daß ein gewisser Schultze oder Schmidt[1] in dem Verdacht stehe, gewisse Gegenstände gestohlen zu haben, und daß man ihn — einer auffallenden Ähnlichkeit wegen — dafür gehalten habe. Den Verdruß wollte er sich doch wenigstens ersparen; und kaum eine halbe Stunde später saß er schon wieder in einem Coupé der Eisenbahn, das ihn den kaum erst gemachten Weg nach Koblenz zurückführte.

Dort übernachtete er nur, und zwar diesmal unter seinem richtigen Namen, denn durch das letzte Abenteuer war er doch etwas mißtrauisch geworden; die Polizei sollte wenigstens keinen Haken an ihm bekommen.[2] Mit dem ersten Morgenzug fuhr er dann nach Köln weiter und gedachte dort etwa vierzehn Tage zu verbringen. Köln war auch der Mühe wert und für ihn als Künstler eine wahre Fundgrube alles Schönen.[3]

Er stieg dort auch ohne weiteres im N.'schen Hofe[4] ab, von wo er den ganzen schönen Rhein vor sich hatte, und beschloß dann, ehe er seinen mitgebrachten Brief an den Kanzleirat Bruno abgab, jedenfalls erst einmal ungestört

Der Kölner Dom

ein paar Tage lang die Stadt zu durchstreifen und zu sehen, was zu sehen wäre; denn hatte er sich erst einmal an eine Familie gebunden, dann kamen die für beide Teile lästigen Einladungen und neue Bekanntschaften, und mit seinem freien Leben hatte es ein Ende.

Den Tag schlenderte er auch, eigentlich ziellos, aber mit innigem Behagen in der altertümlich gebauten Stadt umher, besah sich den Dom, die Apostelkirche und noch einige andere jener herrlichen Baudenkmale, von denen das alte Köln erfüllt ist, und kam den Abend, wirklich recht innig vergnügt und zufriedengestellt in sein Hotel zurück, um dort nun bei einem guten Souper und einer bessern[1] Flasche Wein die Belohnung für seine heutigen Anstrengungen zu suchen.

Während er noch unten im Speisesaal vor einer delikaten Portion frischen Rheinlachses saß, legte ihm der Oberkellner das Fremdenbuch vor, in das er, wie er es sich schon vorgenommen, seinen eigenen Namen schrieb: Friedrich Wessel, Maler[2] aus Haßburg; dann aber überflog er die schon ziemlich gefüllte Seite mit dem Blick, um zu sehen, wer etwa noch mit ihm in den letzten Tagen in dem nämlichen Hotel eingekehrt sei, blieb aber schon bei dem ersten Namen, mit dem Bissen im Mund, vor Verwunderung sitzen, denn dicht über seinem eigenen, eben autographierten „Friedrich Wessel" stand: Friedrich Raspe, Dr. med.[3] aus Mainz, mit Familie; Zimmer Nummer 35.

Das war doch wirklich ein eigentümliches Zusammentreffen, daß er jetzt, noch dazu Tür an Tür, in demselben Hotel mit dem Doktor und wahrscheinlich auch seinen beiden Töchtern zu wohnen kam und eigentlich fast, als ob es so sein sollte. Er hatte das Begegnen nicht gesucht, oder wenn auch,[1] nach dem einen verunglückten Versuch in Mainz augenblicklich wieder aufgegeben; jetzt setzte ihn das wunderliche Schicksal nebenan in die Stube hinein, und diesen Wink durfte er natürlich nicht versäumen; er war in der Tat zu deutlich.

Unwillkürlich griff er sich aber auch mit der Hand an das Kinn, denn er hatte seit seinem Abenteuer in Mainz kein Rasiermesser wieder an sein Kinn gebracht; er mußte schauerlich aussehen, und jetzt erst fiel es ihm auf, daß eine Menge von Gästen, Herren und Damen, unten in dem prachtvoll erleuchteten und dekorierten Speisesaal saßen, und aller Wahrscheinlichkeit nach Dr. Raspe mit seinen beiden liebenswürdigen Töchtern sich mitten unter ihnen, ja vielleicht ganz in seiner Nähe befand.

Dicht hinter sich hörte er da plötzlich Stimmen.

„Wohin wollen wir uns denn setzen, Papa?" sagte eine junge Dame, eine reizende Blondine, wie er bemerkte, als er rasch den Kopf dahin drehte.

„Ja, mein liebes Kind," erwiderte ein ältlicher Herr, der sie begleitete; „hier ist überall noch Platz — am liebsten an einen Ort, wo man nicht dem ewigen Zug der auf- und zugehenden Türe ausgesetzt ist; wo steckt denn Rosa?"

„Sie kommt gleich nach, Papa,“ antwortete die jugendliche Stimme wieder, und Fritz[1] gab es einen ordentlichen Stich durchs Herz, denn das mußte also Viola sein.

Doktor Raspe — denn Fritz zweifelte keinen Augenblick, daß es der alte Freund seines Vaters sei — hatte indessen einen ihm passend erscheinenden Platz gefunden und sich mit seiner Tochter niedergelassen; sie saßen aber zu weit von ihm ab, als daß Fritz hätte etwas von ihrer Unterhaltung verstehen können.[2] Außerdem richtete er auch jetzt seine ganze Aufmerksamkeit der Tür zu, durch welche die erwartete Rosa eintreten sollte. Jetzt kam sie; aber Fritz erschrak ordentlich, denn einen so schlechten Geschmack hätte er seinem Freund Claus doch nicht zugetraut — das war doch keine Schönheit? Vollkommen rote Haare hatte sie, wenn auch von seltener Üppigkeit, dabei allerdings einen blütenweißen Teint, aber auch eine etwas hohe Schulter und eine entschieden ausgeprägte Stulpnase. Man konnte trotzdem nicht sagen, daß sie häßlich sei, es lag etwas Gutes und Freundliches in ihrem Gesicht; aber auf Schönheit durfte sie wahrhaftig keinen Anspruch machen, und er beneidete Claus nicht im geringsten um seine Wahl. Viola dagegen war ein reizendes Wesen und er beschloß, unter jeder Bedingung ihre Bekanntschaft zu machen.

Aber mit dem Bart ging das unmöglich an — vorher mußte er sich jedenfalls rasieren; es war höchstens acht Uhr und in einer Viertelstunde konnte er wieder unten sein. „Frisch gewagt ist halb gewonnen!“[3] und ohne sich einen Moment länger zu besinnen, stand er auf und ging in sein Zimmer hinauf, um die notwendige Operation vorzunehmen. Wenn er sich wollte einen Bart stehen lassen,[1] konnte er ja immerhin noch ein paar Tage damit warten.

Das war rasch geschehen — heißes Wasser brachte ihm der Kellner — und in unglaublich kurzer Zeit war er wieder so weit, um sich tadellos vor den Damen sehen lassen zu können.

Die Familie befand sich noch unten bei Tisch. Der alte Herr bearbeitete eine Kalbskotelette und die beiden Damen hatten sich jede ein halbes Huhn geben lassen, wozu der Doktor eine Flasche Wein trank. Fritz nahm zuerst seinen vorigen Platz wieder ein und ärgerte sich eigentlich, daß die „kleine Familie“ auch nicht einen Blick zu ihm herüberwarf; sie tat gar nicht, als ob er überhaupt auf der Welt wäre und die beiden Mädchen besonders kicherten und planderten fortwährend mit einander, ohne die mindeste Notiz von ihrem Nachbar zu nehmen.

Hm, dachte Fritz da endlich und lächelte dabei still vor sich hin; dann werde ich die Herrschaften[2] einmal überraschen und mich ruhig an ihren Tisch setzen, als ob ich zu ihnen gehörte. Wenn mir der alte Herr nachher nicht glaubt, wer ich bin, gebe ich meinen Brief ab und das wird ihn schon herumbringen! — Er fühlte in die Seitentasche, der Brief stak dort, und ohne sich länger zu besinnen, stand er von seinem Stuhl auf, brachte seine Locken noch ein wenig in Ordnung, trat dann hinüber, zog sich einen dort stehenden Stuhl heran, sagte mit seiner freundlichsten Miene: „Guten Abend, meine Herrschaften!“ und nahm dicht neben Viola, die schnell und fast wie erschreckt zu ihm aufsah, seinen Platz ein.

Der Vater der beiden jungen Damen ließ erstaunt den Kotelettenknochen sinken, an dem er gerade in aller Behaglichkeit kaute; Rosa sah ihn ebenfalls überrascht und wie fragend an, denn es war allerdings etwas Ungewöhnliches, daß sich ein Fremder — wo es sonst nicht an Platz fehlte, da noch mehrere kleine Tische ganz unbesetzt standen — bei völlig unbekannten Damen auf diese Weise einbürgern wollte. Fritz wußte auch genau, was sie jetzt über ihn dachten: daß diese Unverschämtheit doch ein wenig weit ging, und ergötzte sich einen Moment in dem Gefühl; er durfte es aber nicht zu weit treiben, und als er etwa glauben mochte, genügenden Effekt hervorgebracht zu haben, sagte er freundlich:

„Sie kennen mich wohl alle nicht mehr?“

„Habe in der Tat nicht die Ehre,“ sagte der alte Herr, ihn aber doch genauer betrachtend.

„Die jungen Damen auch nicht?“

„Ich muß bedauern,“ flüsterte Rosa, während Viola nur mit Mühe ein Lächeln bezwang, das schon in ein Paar ganz allerliebsten Grübchen auszubrechen drohte.

„So?“ nickte Fritz stillvergnügt vor sich hin, daß ihm die Überraschung so vollständig gelungen war. „Sie erinnern sich also auch wohl nicht mehr auf einen jungen wilden Burschen in den Flegeljahren, der sich bei Ihrem letzten Besuch in Haßburg vielleicht eben nicht vorteilhaft ausgezeichnet hat?"

„Ich weiß nicht, mein verehrter Herr," sagte der Alte mit einem trockenen Humor, „in wie weit Sie die letzte Andeutung auf sich selber beziehen, kann Ihnen aber die Versicherung geben, daß Sie, als ich zum letzten Mal in Haßburg war — wenn Sie sich überhaupt schon auf der Welt befanden — wohl kaum noch in diese Blüte der Mannbarkeit eingetreten waren, denn das sind jetzt dreißig Jahre her; meine Töchter aber haben Haßburg noch nie besucht."

„Nie besucht?" rief Fritz jetzt wirklich verdutzt. „Habe ich denn nicht das Vergnügen, Herrn Doktor Raspe nebst Familie vor mir zu sehen?"

„Das haben Sie allerdings nicht," erwiderte der alte Herr wieder, während die beiden jungen Damen jetzt zusammen kicherten. „Ich bin der Archivrat[1] Homberg aus Gießen."

„Archivrat Homberg?" stammelte Fritz in peinlichster Verlegenheit. „Aber im Fremdenbuch — Sie entschuldigen — ich glaubte so sicher, daß ich das Vergnügen hätte, Herrn Doktor Raspe in Ihnen zu begrüßen, da auch die Namen Ihrer beiden Fräulein Töchter[2] —"

„Meine beiden Töchter?"

„Fräulein Rosa und Viola."

„Sie scheinen vollkommen konfus geworden zu sein, verehrter Herr,“ sagte der Archivrat trocken. „Rosa ist meine Frau und Henriette dort meine Tochter.“

Henriette konnte sich jetzt nicht länger halten; sie kicherte gerade hinaus, und nur die Frau Archivrätin[1] schien sich in etwas geschmeichelt zu fühlen, daß sie der Fremde noch für eine „Tochter“ gehalten hatte.

Fritz aber, sich in aller Verlegenheit von seinem Stuhl erhebend, stammelte:

„Dann muß ich allerdings Ihre Verzeihung nachsuchen, Sie in unverantwortlicher Weise belästigt zu haben.“

„Bitte,“ sagte der alte Herr, „ein Mißverständnis ist wohl leicht zu entschuldigen. Mit wem habe ich die Ehre?“

„Friedrich Wessel, Porträtmaler.“

„Sehr angenehm,“ erwiderte der Archivrat, merkwürdig kurz, und setzte sich so rasch wieder zu seinen Kotelettes nieder, daß Fritz gar nichts anderes übrig blieb, als sich mit einer ehrfurchtsvollen Verbeugung gegen die Damen in sein Nichts zurückzuziehen. Er verließ aber auch augenblicklich den Saal, denn daß er nach diesem faux pas[2] nicht länger neben der Familie des Archivrats aushalten konnte, verstand sich von selbst. In seinem Zimmer angekommen, beschloß er auch, ohne weiteres zu Bett zu gehen; der Tag heute eignete sich nicht zu weiteren Unternehmungen und er hoffte, morgen jedenfalls mehr Glück zu haben.

Schon im Bett überlegte er sich noch einmal die Vorgänge des heutigen Abends und kam dann zu dem Resultat, daß es ihm eigentlich angenehm sei, sich in der Familie geirrt zu haben. Henriette sah ganz anders aus, als er sich Viola gedacht — von Rosa gar nicht zu reden — und der Archivrat — was der Mann für einen maliziösen Zug um den Mund hatte und wie sonderbar er ihn fortwährend angesehen! er gefiel ihm gar nicht. Aber morgen mußte er nun jedenfalls den wirklichen Doktor Raspe aufsuchen, mit dem er ja Stube an Stube wohnen sollte. Hm! — vielleicht hatten die beiden jungen Damen das Zimmer neben ihm inne und er konnte hören, wenn sie nach Hause kamen. Aber ehe er es selber wußte, schlief er sanft und süß, ja am nächsten Morgen schien die Sonne schon in sein Fenster herein, ehe er nur wieder erwachte.

Um nicht wieder einen Mißgriff zu begehen und ganz sicher zu sein, fragte er den Kellner, der ihm den Kaffee[1] brachte, wer hier neben ihm logiere, und erhielt dann wirklich die Bestätigung seiner gestrigen Entdeckung: Herr Dr. Raspe mit zwei Töchtern auf der einen und ein Weinhändler aus Bingen auf der anderen Seite. So weit war alles in Ordnung und er konnte nur den Damen natürlicherweise seinen Besuch nicht so früh abstatten, sondern mußte doch wenigstens bis elf Uhr warten, ehe er sich anmelden ließ oder sich selber einführte; er war darüber noch nicht mit sich einig.[2] Die Zwischenzeit mochte er indessen benutzen, um noch ein wenig am Rhein auf und ab zu schlendern.

Wie er himunter in das Hotel kam, hörte er die heftige Stimme eines der Kellner oder des Wirts und eine bittende Frauenstimme dazwischen;[1] und als er, neugierig geworden, hinzutrat, um wenigstens zu sehen, was es dort gebe, bemerkte er eine junge, sehr einfach, aber sauber gekleidete Dame, deren Gesicht ihm merkwürdiger Weise bekannt vorkam, die sich schüchtern und mit großen Tränen in den Augen gegen den ihr unverschämt gegenüberstehenden Oberkellner verteidigte.

„Was geht denn hier vor?“ fragte Fritz, dem das arme junge Wesen leid tat.

„O, nichts Ungewöhnliches hier am Rhein,“ bemerkte die Oberserviette[2] hochmütig, „hier die Mamsell hat sich im Hotel unter dem Vorgeben, eine Herrschaft zu erwarten, schon ein paar Tage eingeschmuggelt und tut dabei auch noch vornehm und hochnasig;[3] aber ich bin dahinter gekommen und wenn sie jetzt nicht bezahlen kann, soll uns die Polizei schon zu unserem Geld verhelfen.“

Die junge Dame hatte indessen, ihre Tränen aus den Augen wischend, Fritz aufmerksam und überrascht angesehen; jetzt sagte sie plötzlich:

„Der Herr kennt mich; er kann bezeugen, daß ich die Wahrheit gesprochen.“

Fritz sah sie erstaunt an, und wieder fiel es ihm auf, daß er das liebe Gesicht schon einmal irgendwo gesehen haben mußte, aber er konnte sich nicht besinnen, wo.

„Mein liebes Fräulein,“ sagte er betreten, „allerdings

kommen Sie mir bekannt vor; aber ich kann mich in dem Augenblick doch wirklich nicht erinnern —"

„Wir sind mit einander nach Mainz gefahren; ich war in Begleitung der Gräfin Rosowska und ihrer Tochter Olga."

„Alle Wetter, ja, jetzt besinne ich mich," rief Fritz, der in diesem Augenblick die junge Gesellschafterin wieder erkannte, auf die er allerdings, mit dem verführerischen Wesen neben sich beschäftigt, wenig oder gar nicht geachtet hatte. „Aber wie kommen Sie allein hierher? Haben Sie Ihre Begleitung verlassen?"

Wieder mußte sich das arme Mädchen Mühe geben, ihre Tränen zurückzuzwingen; endlich sagte sie leise:

„Ich fürchte fast, sie haben mich verlassen und mich auf schmähliche Weise von sich gestoßen."

„Bah, die alte Geschichte," sagte der Oberkellner verächtlich, „nichts als Lügen und Flunkereien."

„Sie unverschämter Mensch," fuhr aber Fritz jetzt auf, dem nicht entging, daß das arme, unbeschützte Mädchen totenbleich bei der frechen Anschuldigung wurde; „wie können Sie sich unterstehen, eine Dame so zu beleidigen!"

„Bitte, mein Herr," sagte die Oberserviette, die nicht den geringsten Respekt vor einem einzelnen Reisenden hatte, der zu Fuß angekommen,[1] jetzt im dritten Stock wohnte und sich mit einem bürgerlichen, noch dazu deutschen Namen als Maler in das Fremdenbuch geschrieben; „in Geschäften hört die Gemütlichkeit auf, und wenn die Dame bezahlt, was sie schuldig ist, werde ich auch wieder höflich gegen sie werden."

„Bei Gott!" rief jetzt Fritz, der sonst wohl phlegmatischer Natur war, doch leicht, wie viele solcher Charaktere, vom Jähzorn übermannt wurde; „ich werde Sie auch *vorher* höflich machen. Noch *ein* freches Wort — und verdammt will ich sein, wenn ich Sie nicht bei der Jacke nehme und die Treppe hinabwerfe."

„Mein Herr!" rief die Oberservietté, aber doch etwas scheu zurücktretend.

„Wie viel ist die Dame schuldig?"

„Hm — und wollen Sie es bezahlen?"

„Ich frage Sie, wie viel die Dame schuldig ist."

„Nun gut! Sie hat drei Zimmer in der ersten Etage seit zwei Tagen belegt gehabt, wir wollen das billigst 12 Tlr.[1] rechnen, ferner selbst hier gewohnt, mit Kaffee, Diner und Souper, Bougies und Service[2] zusammen 7 Tlr., macht 19 Tlr.; außerdem Auslage für eine telegraphische Depesche 16 Sgr., also Summa 19 Tlr. 16 Sgr., mit Dienstmann[3] für Hintragen 2½ Groschen; im Ganzen 19 Tlr. 18 Sgr. 6 Pf."

Fritz nahm, ohne ein Wort zu erwidern, sein Taschenbuch heraus, als die junge Fremde ausrief:

„Aber, mein Herr, das kann ich nicht zugeben: wie kommen Sie dazu, für eine vollkommen Fremde —"

„Bitte, mein liebes Fräulein," sagte Fritz, indem er einen Fünfundzwanzig-Talerschein herausnahm und dem Kellner reichte, „Sie haben mich zum Zeugen aufgerufen und müssen mir nun auch erlauben, Sie auszulösen. Ich habe auch meine ganz besonderen Gründe dabei, die aber natürlich nicht Sie, sondern jene Familie betreffen. Sie ersuche ich denn,“ wandte er sich an den plötzlich geschmeidig gewordenen Kellner, „mir eine ordentliche Rechnung für die Gräfin, — wie war der Name, mein Fräulein?“

„Rosowska.

„Schön; — für die Gräfin Rosowska auszuziehen und zu quittieren und ich bitte Sie nur, mein Fräulein, mir mit kurzen Worten die Umstände, die Sie vorhin erwähnten, etwas genauer anzugeben. Herr Oberkellner, ich habe die quittierte Rechnung gewünscht. Sie sind bei der Unterhaltung nicht weiter notwendig.“

Der Herr im schwarzen Frack zog sich mit einem nichts weniger als freundlichen Gesicht in sein Comptoir zurück, und die junge Fremde erzählte[1] jetzt mit flüchtigen Worten, wie sie sich als Gesellschafterin bei der Gräfin Rosowska vor etwa zwei Monaten engagiert habe und ungefähr sechs Wochen mit den beiden Damen am Rhein und dessen Umgegend herumgefahren sei. Vor vierzehn Tagen etwa habe die Comtesse den jungen Grafen Wladimir getroffen, und ihn ihr als ihren Gatten vorgestellt. Sie versicherte, sich nicht wohl in der Familie gefühlt und einen Verdacht gefaßt zu haben, daß nicht alles so sei, wie man es darstelle, war aber durch eigene Familienverhältnisse gezwungen, auszuhalten. Einen Gehalt, obgleich die Summe zwischen ihnen festgestellt,[1] hätte sie in der ganzen Zeit nicht bekommen, und auch nicht gewagt, ihn zu fordern; endlich hätte die Gräfin selbst davon angefangen und ihr gesagt, daß sie in Köln einen Wechsel zu erheben hätten; sie wollten[2] alle hierher, aber in Bingen seien sie ausgestiegen, um angeblich eine dort wohnende Freundin zu besuchen und mit dem Abendboot nachzukommen. Sie selber habe den Auftrag bekommen, hier im Hotel indessen Zimmer zu belegen und auf sie zu warten; das sei bis jetzt vergebens geschehen, und sie fürchte nun wohl mit Recht, daß sie von der fremden Herrschaft auf recht abscheuliche und hinterlistige Weise hintergangen sei.

„Und haben Sie keine Ahnung, wo sie sich jetzt befinden?"

„Keine."

„Dann kann ich Ihnen die genaue Adresse geben," lachte Fritz. „In Ems, in Balzers Hotel—"

„In Ems?"

„Wo ich die junge Dame noch gestern gesehen habe."

„Und was sagte sie?"

„Ich hatte nicht die Ehre, mit ihr zu sprechen," erwiderte Fritz, „denn wir trafen unter eigentümlichen Umständen zusammen. Aber ich glaube fast selber, daß Sie betrogen sind, denn die kleine Familie denkt wahrscheinlich gar nicht daran, nach Köln zu kommen.—Und was wollen Sie jetzt tun?"

„Ich weiß es nicht—es bleibt mir nichts anderes übrig, als nach Koblenz zurückzukehren."

„Wohnen Sie dort?"

„Mein Vater lebt dort."

„Hat er da ein Geschäft?"

„Nein," sagte das junge Mädchen schüchtern, und Fritz sah es ihr an, daß ihr die Frage peinlich war. Der Kellner kam in diesem Augenblick zurück und brachte die quittierte Rechnung und das übrige Geld.

„Kann ich Ihnen noch mit etwas dienen?" sagte Fritz freundlich. „Wenn es Ihnen an Mitteln fehlen sollte, nach Hause" —

„Nein — ich danke Ihnen aus voller Seele," sagte das arme Mädchen schüchtern. „Sie haben schon mehr für mich getan, als ich je erwarten und hoffen konnte; nur um eins bitte ich Sie: Ihre Adresse, daß mein Vater, wenn ich nach Hause komme, die Schuld wieder abtragen kann, die ich heute übernommen."

Der Oberkellner steckte beide Hände in die Taschen, drehte sich ab und stieg pfeifend die Treppe hinunter: Fritz aber achtete gar nicht auf ihn.

„Hier, mein liebes Fräulein," sagte er, „ist meine Karte! aber sorgen Sie sich um Gotteswillen nicht deshalb. Nur noch eins — darf ich Ihren Namen nicht wissen?"

„Ich heiße Margaret," sagte das junge Mädchen leise.

„Und Ihr Zuname?"

„Margaret," wiederholte sie, fast noch leiser als vorher.

„Das genügt dann," lächelte Fritz gutmütig; „ich will nicht weiter in Sie dringen. Und nun, mein liebes Fräulein Margaret," fuhr er fort, indem er ihr die Hand reichte, „leben Sie wohl! ich hoffe, man wird Ihnen hier im Hause nichts mehr in den Weg legen."

Wie sie ihm die Hand gab, kamen ein paar junge Damen, von dem Oberkellner begleitet, die Treppe hinauf, und lachten mit einander. Sie gingen an Fritz vorüber und sahen ihn an. Er hatte aber jetzt andere Dinge im Kopf, als auf sie zu achten; und die Stufen hinabspringend, eilte er aus dem Hause, um seinen beabsichtigten Spaziergang anzutreten.

Siebentes Kapitel.

Herr Doktor Raspe nebst Familie.

Fritz fühlte sich, als er, seinen eigenen Gedanken nachhängend, am Rhein hinabschritt, eigentlich nicht recht mit sich zufrieden, denn er war fest überzeugt, wieder einmal einen dummen Streich gemacht zu haben. Aber das junge Mädchen sah so lieb und gut aus und hatte so treue, ehrliche Augen und nichts Kokettes, gar nichts in ihrem ganzen Wesen, während ein tiefer Schmerz, wie ein geheimer Kummer, in ihren Zügen lag. — „Aber manche kokettieren auch damit," sagte er sich selber, „und wenn die ganze Geschichte erfunden war — bah, so bin ich eben um zwanzig Taler ärmer und habe doch wenigstens den Glauben, ein gutes Werk getan zu haben."

Er war ausgegangen, um sich an dem Anblick des prächtigen alten Stroms zu weiden; aber die Gedanken schwirrten ihm so wirr und bunt durch den Kopf,[1] daß er wie träumend an dem Ufer hinwanderte und wirklich nichts sah als den Pfad, auf den er den Fuß setzte. Ein stromabgehender Dampfer brachte ihn erst wieder zu sich selbst; und da es indessen auch elf Uhr geworden war, beschloß er, umzudrehen und wieder in die Stadt zurückzukehren, und eben die Familie Raspe aufzusuchen, die jetzt doch wenigstens zu sprechen war.

„Doktor Raspe zu Hause?“ fragte er auch den Portier[2] als er wieder in das Hotel trat. — „Nun? Haben Sie mich verstanden? Ich fragte Sie, ob Doktor Raspe zu Hause sei,“ wiederholte er die Frage, als ihn der Portier statt einer Antwort nur so unverschämt als möglich anstierte. Der Mann kam dadurch erst wieder zu sich selber und sagte dann etwas verlegen:

„Bitte um Entschuldigung — ja! Nicht wahr, der Herr wohnen[3] selber hier im Haus?“

„Ja.“

„Nummer sechsunddreißig?“

„Ja — weshalb? Hat jemand nach mir gefragt?“

„Nein — noch nicht!“ erwiderte der Portier mit einem verwünscht zweideutigen Lächeln. Fritz achtete aber nicht darauf und erst als er sich von ihm abwandte, fielen ihm die jungen Damen ein und er fragte noch einmal:

„Können Sie mir nicht sagen, ob die Damen ebenfalls oben sind?“

„Die beiden Fräulein sind gleichfalls zugegen," erwiderte der Portier. „Kennen Sie die Familie?"

„Nein, aber ich möchte sie kennen lernen. — Wollen Sie mich anmelden, oder soll ich es einem Kellner sagen?"

„Bitte, das werde ich selber besorgen," rief der Portier, jetzt plötzlich ungemein höflich werdend. „Haben Sie vielleicht eine Karte?"

„Ja, hier. Seien Sie so gut und sagen dem Herrn Doktor, ich wünsche ihm meine Aufwartung zu machen. Ich werde jetzt auf mein Zimmer gehen und Sie können mir dann dort gleich Antwort sagen — der Doktor hat doch vier- und fünfunddreißig, nicht wahr?"

„Ja wohl, Herr Wessel," sagte der Portier, auf die Karte sehend, „werde es Ihnen pünktlich besorgen."

Fritz kümmerte sich nicht weiter um ihn, drehte sich ab und stieg langsam die Stufen hinauf zu seinem Zimmer; der Portier aber faltete, sobald sich der Fremde entfernt hatte, hastig ein Zeitungsblatt zusammen, steckte es in die Brusttasche und eilte dann rasch in den Speisesaal hinüber, wo er den Wirt selber wußte.[1] Diesem zeigte er eine Stelle in der Zeitung und die erhaltene Karte und flüsterte eine Weile mit ihm, dann stieg er nach oben, um den erhaltenen Auftrag auszuführen.

Etwa zehn Minuten später klopfte er an Nummer sechsunddreißig an und meldete hier, Herr Doktor Raspe würde ihn empfangen, er möge sich nur gefälligst hinüber bemühen.

Fritz war noch unschlüssig, ob er seines Vaters Brief

abgeben oder sich nur selber einführen solle — war es ihm doch ein unangenehmes Gefühl, sich auch hier auf Reisen, wo er doch eigentlich selbständig auftreten sollte, nur von einem beschriebenen Stück Papier abhängig zu machen, dem er vielleicht allein einen freundlichen Empfang verdanken könnte. „Ei, zum Henker," sagte er bei sich, „selber ist der Mann;[1] ich werde mich deshalb auch selber einführen, und wenn sie mich ohne beglaubigten Geburtsschein nicht herzlich empfangen, nun, dann lassen sie es eben bleiben und ich habe nichts an ihnen verloren."

Mit dem Entschluß nahm er Hut und Handschuhe, um der Aufforderung Folge zu leisten, und trat jetzt zu der nächsten Tür, an welche er leise anklopfte.

„Herein!"

Fritz öffnete und übersah auch schon in demselben Moment mit einem Blick, daß er die Familie Raspe vor sich habe. Der Vater, ein ältlicher Herr, der, wenn er immer so aussah, wie gerade jetzt, eben nicht viel Einnehmendes in seinem ganzen Wesen hatte, saß, mit der Brille auf der Nase, in einem Fauteuil am Fenster und hielt ein Zeitungsblatt in der Hand — das nämliche, das der Portier vorher von unten mit herauf gebracht hatte — und an dem nächsten Fenster standen neben einander, der Tür zugewandt, die jungen Damen, jedenfalls seine beiden Töchter Rosa und Viola, und Fritz freute sich schon im voraus darauf, jetzt zu erraten, welches Rosa und welches Viola sei, und war überzeugt, daß ihm das leicht gelingen werde.

Übrigens war der Empfang nicht so herzlich, wie er ihn wohl erwartet haben mochte, denn nach seiner eingeschickten Karte mußten sie doch jedenfalls wissen, wer er sei. Der alte Doktor blieb aber, die Zeitung noch immer in der Hand, fest auf seinem Stuhl sitzen und sah ihn nur forschend über die Brille an, während die beiden jungen Damen näher zusammenrückten und sich leise etwas zuflüsterten. Fritz aber ging direkt auf den alten Herrn zu, streckte ihm die Hand entgegen und sagte herzlich:

„Mein lieber Herr Doktor, erlauben Sie mir, daß ich Ihnen in mir den Sohn eines alten Freundes und zugleich dessen herzlichste Grüße bringe. — Auch für eine der jungen Damen habe ich noch einen besonderen Gruß — mein Name ist Friedrich Wessel," setzte er dann aber mit noch schärferer Betonung hinzu, als er zu seinem Staunen bemerkte, daß der alte Herr die dargereichte Hand keineswegs so bereitwillig nahm, als sie ihm geboten wurde, „der Sohn des Regierungsrats Wessel aus Haßburg."

„Sehr angenehm, Ihre werte Bekanntschaft zu machen," sagte Doktor Raspe höflich, aber doch auch merkwürdig kalt; und wenn er auch nun wohl nicht mehr umhin konnte, die dargereichte Hand zu nehmen, erwiderte er doch deren Druck nicht, während die jungen Damen genau solch ein Gesicht machten, als ob sie am liebsten gleich aus dem Zimmer hinausgelaufen wären.

„Sagen Sie einmal, mein lieber Herr Wessel," bemerkte der alte Herr, indem er ihn scharf betrachtete; „es kommt mir doch so vor, als ob Sie sich, seit wir uns nicht gesehen,[1] sehr bedeutend verändert hätten; wie?"

„Das ist wohl möglich," lächelte Fritz, „denn so viel ich weiß, ist auch schon eine Zeit von acht oder zehn Jahren darüber[2] verflossen. Ich glaube, ich kann das Nämliche von den jungen Damen sagen."

Die jungen Damen lächelten nicht einmal; sie sahen so unbeholfen wie möglich aus, und doch verwandten sie keinen Blick von ihm. Hübsch waren sie auch, das ließ sich nicht leugnen, alle beide; aber, ob die Ursache vielleicht in dem kalten Empfang lag, sie ließen ihn selber vollkommen kalt, und zum ersten Mal überkam ihn jenes unbehagliche Gefühl, das wir empfinden, wenn wir uns in irgend einer Umgebung treffen, in der wir uns nicht willkommen glauben. Fritz hatte sich deshalb auch noch nicht einmal gesetzt, als er schon wieder an den Rückzug dachte; er wußte nur nicht gleich, wie er sich in schicklicher Weise und ohne gerade unhöflich zu sein, aus der Affaire ziehen könne.

Der alte Doktor Raspe hatte ihm auf seine letzte Bemerkung gar keine Antwort gegeben, ja sonderbarer Weise schien er nicht übel Lust zu haben, seine Lektüre in der Zeitung fortzusetzen, denn er nahm das Blatt wieder auf und sah hinein. — „Ei, zum Henker," dachte Fritz da, „wenn der Alte so wenig Lebensart besitzt, so brauche ich auch nicht viel Umstände zu machen. Da bin ich einmal, und wenn ich jetzt Hals über Kopf weglaufe, lachen sie mich am Ende gar noch aus; ich werde mir also erst einmal die jungen Damen in der Nähe besehen." Dem Gedanken die Tat folgen lassend, und ohne von dem alten Herrn weiter die geringste Notiz zu nehmen, ging er auf die beiden Mädchen zu, nahm sich unterwegs einen Stuhl mit, und den Hut auf den Tisch stellend, sagte er, indem er vor ihnen stehen blieb:

„Nun, meine Damen, muß ich erst an Sie einen Gruß ausrichten. Da ich aber noch nicht weiß, an *welche* von Ihnen, so erlauben Sie mir, daß ich vorher einmal raten darf, welches die *Braut* ist — aber wollen denn die Damen nicht Platz nehmen?"

Keine von ihnen erwiderte ihm ein Wort; ja es war weit eher, als ob sie sich vor ihm zurückzögen, so scheu bebten sie zusammen und schlossen sich enger an einander an, so daß Fritz endlich lachend sagte: „Aber *fürchten* Sie sich denn vor mir? Sehe ich wirklich so gefährlich aus, und haben Sie ganz vergessen, daß wir uns schon als Kinder gekannt?"

„Nein, wir fürchten uns gar nicht," erwiderte die eine junge Dame, und es kam Fritz fast so vor, als ob ihre dunkelbraunen Augen bei den Worten blitzten und funkelten, was ihr aber außerordentlich gut stand;[1] „nicht im mindesten, Herr Wessel."

„Aber Viola," sagte die Schwester.

„O weh, jetzt haben Sie sich selber verraten," lachte Fritz, „nun weiß ich auf einmal, wer von Ihnen die Braut ist. Fräulein Rosa, ich habe Ihnen die freundlichsten

Grüße von jemandem zu bringen, der mich gewiß schmerzlich beneiden würde, wenn er wüßte, daß ich in diesem Augenblick das Glück Ihrer Gegenwart genieße."

„Glauben Sie wirklich?" sagte Viola, aber mit einem so eigentümlich spöttischen Blick und Ausdruck selbst im Ton, daß Fritz sie ganz verdutzt ansah.

„In der Tat, mein Fräulein,[1] oder trauen Sie mir zu, daß ich Ihnen eine Unwahrheit sage?" erwiderte er auch endlich so unbefangen als möglich und bemerkte dabei nicht einmal, daß der Doktor, noch mit dem Zeitungsblatt in der Hand, hinter ihn getreten war.

„Sie entschuldigen," unterbrach ihn der Doktor, „erlauben Sie mir vielleicht, Ihnen einen kurzen Artikel aus dieser Zeitung vorzulesen?"

Die Frage kam so plötzlich und wurde, ohne jede möglich denkbare Veranlassung, in einem so merkwürdigen Tone gestellt, daß sich Fritz fast scheu gegen den alten Herrn wandte, denn nach den Erfahrungen, die er in Mainz gemacht, war er wirklich mißtrauisch geworden. Viola aber, die ihn scharf beobachtete, zuckte empor, als sie das scheinbare Erschrecken des jungen Fremden bemerkte und rief aus:

„O, fürchten Sie sich nicht, Herr Wessel. Was Vater eben lesen will, ist nur eine Antwort auf Ihre Frage."

„In der Tat, mein Fräulein?" sagte Fritz jetzt, doch etwas betroffen von dem Tone und nicht angenehm davon berührt; „wenn Sie das schon im voraus wissen, kann es natürlich nur von Interesse für mich sein, zu sehen, wie weit Ihr Ahnungsvermögen geht."

„Vom Ahnungsvermögen kann hier nicht die Rede sein," sagte der Doktor trocken, „da ich diesen Artikel unmittelbar vorher, ehe Sie unser Zimmer betraten, meinen Töchtern vorgelesen habe — wollen Sie mir also erlauben?"

„Mit dem größten Vergnügen!" sagte Fritz, den Kopf aufmerksam nach dem Doktor zurückwendend.

„Schön," sagte der Doktor, indem er sich seine Brille zurechtrückte. — „Also, bitte, hören Sie: Am 3. d. M.[1] wurden dem Hotelbesitzer Braun in Bonn neun silberne Löffel, eine silberne Cylinderuhr mit Goldrand und Sekundenzeiger gestohlen. Die Uhr hat 19 Linien im Durchmesser — doch die Beschreibung derselben kann ich mir vielleicht ersparen. — Also weiter: Ferner wurde einem Reisenden ein noch ganz neuer Paletot entwendet. Des Diebstahls dieser Gegenstände ist ein junger Mann dringend verdächtig, der sich auch aus dem Hotel entfernte, ohne seine ziemlich bedeutende Zeche zu bezahlen. Die Sicherheitsbehörden werden deshalb ersucht, auf den nachstehend signalisierten Verbrecher zu vigilieren, denselben im Betretungsfall[2] zu verhaften und mit den bei ihm befindlichen Sachen mir vorführen zu lassen. Bonn, den 5. Juli 18—. Der Staatsanwalt."

Fritz lachte.

„Aber, verehrter Herr Doktor," sagte er, „glauben Sie denn, daß diese vielleicht stilistisch sehr schöne Anzeige für mich oder die jungen Damen nur das geringste Interesse haben könnte?“

„Bitte, hören Sie weiter,“ sagte aber der Doktor, „das Signalement wird vielleicht von größerem Interesse für Sie sein. Also — Signalement: Alter etwa 28 bis 30 Jahre, Größe fünf Fuß neun Zoll, Haare dunkelbraun, Gesicht oval, Gesichtsfarbe gesund, Statur gewöhnlich, trägt einen kleinen, noch nicht alten Schnurrbart; besondere Kennzeichen: ein gewandtes und sehr anständiges Benehmen.“

„Das Signalement paßt jedenfalls auf zehntausend Menschen!“ lachte Fritz.

„Reiste zuletzt,“ fuhr der Doktor fort, „unter dem Namen Friedrich Wessel aus Haßburg —“

„Alle Teufel!“ rief Fritz emporfahrend. — „Bitte tausendmal um Entschuldigung,“ setzte er freilich rasch hinzu, „aber Sie werden mir zugeben, daß mir ein solcher Namensvetter nicht besonders angenehm sein kann.“

„Hat aber auch,“ las der Doktor ruhig weiter, „zu dem gegründeten Verdacht Veranlassung gegeben, daß er seinen Namen nach Bequemlichkeit wechselte. Bis jetzt schien sein Bestreben, sich in anständigen Familien einzuschwärzen, indem er sich besonders aufmerksam gegen die Damen zeigte, dabei aber nur eine Gelegenheit abwartete, um irgend einen bedeutenden Diebstahl auszuführen und dann spurlos zu verschwinden.“

„Allerliebst!“ nickte Fritz.

„Zu seiner Kenntnisnahme könnte das noch vielleicht beitragen," schloß der Doktor, noch immer aus der Zeitung ablesend, „daß er eine Zeitlang mit einer polnischen Familie in Verbindung stand und besonders in Bonn für dieselbe Quartier bestellte, ohne daß sie aber eingetroffen wäre. Er ist später nicht mehr mit derselben gesehen worden, aber jedenfalls als ein gefährliches und gemeinschädliches Subjekt zu betrachten: und man hat erst in Mainz wieder eine Spur von ihm bekommen, wo er sich aber, wieder unter anderem Namen — und diesmal ohne Bart — in das Fremdenbuch eintrug und dann plötzlich spurlos verschwand. Eine Belohnung von fünfzig Talern ist durch den betreffenden Wirt in Bonn auf seine Einlieferung gesetzt."

Der Doktor schwieg, und Fritz, der zufällig zu den Damen aufsah, bemerkte, wie deren Blicke[1] in ängstlicher, erwartungsvoller Spannung auf ihm hafteten. Da er natürlich nicht anders glauben konnte, als daß sie selber das Unangenehme seiner Lage empfanden, mit einem solchen anerkannten und steckbrieflich verfolgten[2] Schwindler einen Namen zu tragen oder den seinigen wenigstens von ihm mißbraucht zu wissen, sagte er achselzuckend:

„Ja, was läßt sich da machen? Der Name Wessel kommt allerdings wohl nicht so häufig vor; aber die Möglichkeit ist doch da, daß er wirklich so heißt, und in dem Fall kann ich nur wünschen, bald von meinem Namensvetter durch die Polizei befreit zu werden."

„Und Sie selber wissen gar nichts von jenen polnischen Damen?“ sagte Viola, indem ihr Blick mit der Schärfe eines Inquisitionsrichters an ihm hing.

„Von welchen polnischen Damen, mein Fräulein?“ fragte Fritz, jetzt wirklich zum ersten Male stutzig gemacht.

„Ei nun, von denen,“ erwiderte das junge Mädchen, „von deren Kammerjungfer Sie heute morgen an der Treppe so zärtlichen Abschied nahmen und noch die Schulden bezahlten, die sie hier gemacht hatte.“

„Alle Wetter!“ rief Fritz und sah die junge Dame erstaunt an; „die Frage mag allerdings indiskret erscheinen, aber: wie alt sind Sie, mein gnädiges Fräulein?“

„Die Frage,“ zürnte die kleine Juno majestätisch, „ist nicht allein indiskret, sie ist unverschämt.“

„Ich selber muß Sie bitten, diese Unterredung abzubrechen, mein Herr,“ sagte jetzt der Doktor, „denn Sie müssen doch fühlen, daß Sie nach dem, was wir Ihnen eben mitgeteilt, hier nur eine sehr undankbare Rolle weiter spielen.“

Fritz lachte jetzt gerade heraus. — „Also halten Sie mich für den Fälscher, der unter meinem eigenen Namen reist?“ rief er. — „Dann ist es aber wirklich großmütig gehandelt, nicht einmal die fünfzig Taler verdienen zu wollen, welche der Wirt in Bonn auf meine Einbringung gesetzt hat.“

Violas Auge blickte ihn zornig an; ehe sie aber etwas darauf erwidern konnte — denn sie schien hier wirklich das Wort zu führen — klopfte es ziemlich stark an die Tür und auf das laute „Herein!“ des Doktors traten, von dem Oberkellner begleitet, zwei Polizeidiener ins Zimmer.

„Das ist der Herr, den Sie wünschen,“ sagte die Oberserviette, mit wohlwollendem Lächeln auf Fritz deutend; „schade, daß die Mamsell schon heute morgen abgefahren ist, denn ich glaube fast, das Pärchen gehört zusammen.“

„Du[1] verdammter tellerschleppender Frackträger!“ rief jetzt Fritz, die Gegenwart der Damen ganz vergessend, in ausbrechendem Zorn emporfahrend, „wenn du dich unterstehst, noch ein einziges Wort —“

„Bitte, mein Herr!“ unterbrach ihn aber der eine Polizeidiener, „ich ersuche Sie, uns zu folgen, und tun Sie das, wenn ich Ihnen raten soll, gutwillig, denn Sie könnten sonst Ihre Lage nur verschlimmern.“

„Bravo,“ lachte Fritz, bei dem der Humor jetzt wieder die Oberhand gewann, denn das Komische der Situation war doch vorwiegend; „das hat noch gefehlt. Sorgen Sie sich auch nicht, würdiger Vertreter der strengen Gerechtigkeit, daß ich Ihnen die geringste Schwierigkeit bereiten werde; nur eins erlauben Sie mir, dem Herrn Doktor hier vorher einen Empfehlungsbrief meines Vaters abzugeben, wenn auch nicht zu dem Zweck, daß er meine Identität vor Gericht bezeugen kann. Hier, mein werter Herr; da ich es nicht mehr zu benützen gedenke, so genügt es Ihnen vielleicht in zwei Hälften, wird Ihnen aber doch wohl, wie Ihrer liebenswürdigen, sanften Tochter

Viola, die Überzeugung beibringen, daß ich der bin, für den ich mich ausgegeben, der Maler Friedrich Wessel."

Damit nahm er den Brief an Doktor Raspe aus seiner Tasche, riß ihn mitten entzwei und legte ihn dann mit einer artigen Verbeugung auf den Tisch. Achtungsvoll grüßte er jetzt die Damen, und es konnte ihm nicht entgehen, daß Rosa schüchtern und wie verlegen zu ihm aufsah, während ihm Viola noch trotzig gegenüber stand; und dann seinen Arm ruhig in den des darüber etwas erstaunten Polizeidieners legend, schritt er mit diesem hinaus auf den Gang.

Sein Gepäck mußte natürlich mitgenommen und auf dem Amt untersucht werden; er bestellte indessen eine Droschke, aber auch zugleich einen Dienstmann, den er an den Kanzleirat Bruno abschickte und ihn mit wenigen Worten auf einem offenen Zettel bat, ungesäumt auf die Polizei zu kommen, um dort einen Brief in Empfang zu nehmen und ihn selber aus einer unbequemen Lage zu befreien. Der Kanzleirat kannte ihn außerdem persönlich.

Achtes Kapitel.

Major von Buttenholt.

Die Polizeidiener mochten wohl selber durch das ruhige Benehmen des jungen Mannes, wie die augenscheinliche Verlegenheit des Herrn auf Nummer fünfunddreißig stutzig geworden sein; sie behandelten ihren Gefangenen — während der Oberkellner aus Sicht verschwand — wenigstens sehr artig und legten auch seinen Aufträgen nicht das geringste Hindernis in den Weg. Im Polizeiamt angekommen, wurde er auch augenblicklich dem Polizeidirektor gemeldet, der seine Legitimation nachsah, auch den durch Fritz geöffneten Brief an den Bankier Sölenkamp in Frankfurt a. M. las und dann durch den bald darauf eintreffenden Kanzleirat Bruno selber noch die Bestätigung erhielt, daß der Gefangene allerdings *nicht* unter falschem Namen reise und hier jedenfalls ein Mißverständnis zu Grunde liegen müsse. Außerdem traf gleich darauf auch noch der telegraphisch herbeigerufene Wirt aus Bonn ein und erklärte, *diesen* Herrn, obgleich er dem Dieb sehr ähnlich scheine, nie gesehen zu haben. Der Polizeidirektor zuckte entschuldigend mit den Achseln.

„Mein lieber Herr Wessel,“ sagte er freundlich, „es tut mir leid, Ihnen eine solche Unbequemlichkeit bereitet zu haben, und nur eine zufällige Ähnlichkeit, die Sie mit jenem Vagabunden haben, mag die Schuld tragen.“

„Das ist ja mein einziges Leiden!“ rief Fritz in komischer Verzweiflung; „daß ich *allen* Menschen ähnlich sehe und alle Augenblicke für einen andern gehalten werde. Ich bin aber auch von dieser Stunde an entschlossen, einen riesigen Bart zu tragen, um endlich einmal ein anderes Gesicht zu bekommen, denn mit diesem lauf’ ich nicht länger mehr so herum.“

„Nur eine Frage bitte ich Sie noch, mir zu beantworten," sagte der Polizeidirektor. — „In welcher Beziehung standen Sie zu jener polnischen Familie, für deren Dienerin oder Gesellschafterin Sie heute morgen die abgelaufene Rechnung bezahlt haben."

„Und woher wissen Sie das auch schon?"

„Der Oberkellner des Hotels war heute morgen bei mir."

„Ah so," nickte Fritz, „das kann ich Ihnen mit wenigen Worten sagen."

Und kurz und bündig erzählte er sein Zusammentreffen mit den Damen, von denen er sich aber schon in Mainz wieder getrennt hatte; natürlich verschwieg er, daß das[1] freilich nicht gleich seine Absicht gewesen und nur durch die unwillkommene Erscheinung des Grafen Wladimir veranlaßt worden sei; des Grafen selbst mußte er aber wenigstens erwähnen.

„Und wissen Sie etwas Genaueres über diesen Grafen?"

„Genaueres? Nein. Ich habe ihn das einzige Mal in meinem Leben auf dem Perron in Mainz — und selbst da nur sehr flüchtig gesehen."

„Und wie sah er aus?"

„Sehr vornehm und elegant; er trug einen kleinen Schnurrbart und — ja, weiter wüßte[2] ich wahrhaftig nichts zu seiner Personalbeschreibung hinzuzufügen. — Weshalb fragen Sie?"

„Eigentlich," lächelte der Polizeidirektor, „richtet man an die Polizei keine Fragen, doch ist es gerade kein Geheimnis. Wir haben nämlich heute morgen erst Depeschen bekommen, nach denen dieser Graf gerade in dem Verdachte steht, nichts weniger als ein polnischer Graf, sondern ein Schneidergesell aus Ihrer eigenen Geburtsstadt, aus Haßburg, zu sein."

„Alle Wetter!"

„Und man scheint seine Spur verloren zu haben."

„Dann kann ich Ihnen vielleicht wieder darauf helfen!" rief Fritz rasch, „denn noch vorgestern abend habe ich die junge polnische Dame in Ems, im Hotel Balzer gesehen und wenn mir der Graf selber auch nicht zu Gesicht kam, so zweifle ich doch keinen Augenblick, daß er sich bei den Damen befindet."

„In der Tat? und haben Sie mit ihr gesprochen?"

„Nein," sagte Fritz und das Blut stieg ihm dabei voll in die Schläfe; „die Gelegenheit war nicht günstig — mein Koffer wurde gerade polizeilich untersucht, weil man mich im Verdacht hatte, silberne Löffel oder sonst etwas gestohlen zu haben. Auch im Spielsaal starrten mich alle Menschen so an, als ob ich eben auf einem Taschendiebstahl oder Kirchenraub erwischt wäre. Natürlich bin ich da wieder für Gott weiß wen[1] gehalten worden — wenn ich nur erst den Bart hätte!"

Der Polizeidirektor lachte, aber die erhaltene Auskunft war doch auch zu wichtig, um sie nicht augenblicklich zu benutzen.

„Mein lieber Herr," sagte er, „es sollte mich gar nicht

wundern, wenn wir in dem inkognito reisenden Schneidergesellen nicht auch am Ende den Burschen fänden, der Ihren Namen mißbraucht hat, noch dazu,[1] da er aus einer Stadt mit Ihnen stammt. Haben Sie keine Ähnlichkeit zwischen sich und dem Grafen Wladimir entdeckt? — wunderlichere Sachen sind schon vorgekommen."

„Das wäre nichts Wunderliches," seufzte Fritz, „es sollte mich sogar wundern, wenn ich ihm nicht ähnlich sähe."

„Werden Sie sich länger in Köln aufhalten?"

„Ich weiß es wahrhaftig noch nicht, denn ich muß Ihnen aufrichtig gestehen, Herr Direktor, daß ich das Leben am Rhein herzlich satt habe. Ich bin zu meinem Vergnügen hierher gereist und so lange ich mich in der Nähe des schönen Stroms befinde, aus den Verlegenheiten und Unannehmlichkeiten gar nicht herausgekommen."

„Das sollte mir wirklich leid tun!" sagte der Direktor; „aber wenn Sie noch länger hier blieben,[2] oder vielleicht hierher zurückkehrten, wäre es mir lieb, wenn Sie mich wieder einmal besuchten."

„Auf die nämliche Weise wie heute?"

„Nein," lachte der Polizeidirektor, „freiwillig, oder mich wenigstens wissen ließen,[3] wo Sie zu finden sind, denn es wäre doch möglich, daß wir Ihre Gegenwart brauchen könnten."

„Für jetzt," sagte da der Kanzleirat, „möchte ich den jungen Herrn in Beschlag nehmen, und wenn er sich in Köln aufhält, Herr Direktor, so bitte ich nur in meine

Wohnung zu schicken, und Sie werden ihn dort jedenfalls antreffen oder Auskunft erhalten, wo er zu finden ist.“

„Aber, bester Herr Kanzleirat —“

„Keine Ausrede, mein junger Freund! wir fahren jetzt in Ihrem Hotel vor, zahlen dort Ihre Rechnung, und dann müssen Sie sehen, wie Sie sich bei uns einrichten — fortgelassen werden Sie nicht wieder, denn ich fürchte, daß Sie sonst der Polizei jedenfalls noch einmal in die Hände fallen; also warten Sie's bei mir ab, bis Ihr Bart gewachsen ist.“

Fritz wollte sich noch dagegen sträuben, aber es half ihm nichts, denn der alte Herr ließ eben nicht nach; die kölnische Gastfreundschaft ist ja berühmt, und der junge Mann fand sich bald in dem Hause so wohnlich eingerichtet, als ob er da von Jugend auf gelebt hätte. Der alte Kanzleirat lebte aber auch in den glücklichsten und unabhängigsten Verhältnissen, und seine Frau, so ein recht mütterliches und gutes Wesen, das Fritz gleich auf den ersten Blick liebgewann, wie auch die einzige, seit etwa vierzehn Tagen mit einem jungen Kaufmann verlobte Tochter, deren Bräutigam schon als mit zur Familie gehörig gezählt wurde, machten[1] das überdies freundliche Haus zu einem kleinen Paradies, in dem sich Fritz unendlich wohl fühlte.

Köln fehlt nur eins: eine romantische Scenerie[2] in der Umgebung, und Fritz war doch eigentlich an den Rhein gekommen, um sich an der[3] zu erfreuen und einige Studien zu machen, denn eine Frau zu suchen, hatte er aufgegeben.

Er war dabei zweimal und rasch hintereinander zu schlecht angekommen. Wie er sich deshalb eine volle Woche recht tüchtig ausgeruht, deutete er an, daß er doch jetzt wieder an die Abreise denken müsse, stieß aber dabei auf den hartnäckigsten Widerstand. Der alte Kanzleirat wollte nichts davon hören, und das Äußerste, was er zugestand, war, daß Fritz einige Abstecher den Rhein hinauf machen, dann aber wieder zu ihnen zurückkehren solle, was er denn auch endlich versprechen mußte.

Am nächsten Morgen fuhr er stromauf, um sich erst einmal am Loreleifelsen[1] und in der dortigen herrlichen Gegend eine Zeit lang aufzuhalten. Dann gedachte er auch in Koblenz den ältesten Freund seines Vaters, den Major von Buttenholt, aufzusuchen; der Vater hatte ihm das ja ganz besonders ans Herz gelegt und er erkundigte sich auch schon in Köln nach ihm, konnte aber gar nichts weiter über ihn erfahren, als daß er aller Wahrscheinlichkeit nach noch in Koblenz wohne; gesehen wollte[2] ihn aber niemand seit langen Jahren haben, selbst gehört hatte man nichts von ihm, als daß er außer Dienst und pensioniert sei und viele Sorge mit seinem einzigen Sohn gehabt habe, der bedeutende Schulden gemacht und nachher in einem Duell geblieben wäre. In Koblenz selber würde er aber jedenfalls das Nähere erfahren können.

Auf dem Dampfer, der ihn stromauf führte, fand er keine besondere Gesellschaft: ein paar langweilige Engländer, die entsetzlich vornehm taten und aller Wahrscheinlichkeit nach doch nichts weiter waren als in Plaids gehüllte Schneider oder Krämer, die hier in Deutschland auf vier Wochen den Lord spielten, bis sie dann in London wieder in ihr Garnichts zurücksanken; ein paar Professoren, die in einer kurzen Ferienreise den Schulstaub abschütteln wollten; französisches Gesindel, das in die Bäder an die Spieltische zog; und ein Gemisch von älteren oder jüngeren Damen, die sich, kaum an Bord gekommen, in die Kajüte hinunterzogen und aus verschiedenen Körben und Kobern ihr mitgebrachtes Frühstück hervorzogen und verzehrten. Der Dampfer lief dabei entsetzlich langsam gegen den Strom an, und die Gegend bot außerdem nicht das geringste Interessante, so daß Fritz schon bereute, die Rückfahrt zu Wasser angetreten zu haben.

Und die Fahrt wurde immer langsamer; an dem einen Haltplatz blieben sie außergewöhnlich lange liegen, und das Gerücht verbreitete sich, daß an der Maschine etwas nicht in Ordnung wäre. Das Boot setzte allerdings seine Fahrt fort, aber es arbeitete schwer gegen die Strömung an; und als sie, stundenlang nach der eigentlich angegebenen Zeit, Koblenz endlich erreichten, erklärte der Kapitän den Passagieren, daß er heute da liegen bleiben müsse, um eine nötig gewordene Reparatur vorzunehmen, das Gepäck aber, wenn es verlangt würde, auf das nachfolgende Boot der nämlichen Gesellschaft schaffen lassen wolle.

Fritz war noch nicht ganz mit sich einig, ob er überhaupt zu Wasser seine Reise fortsetzen werde, und nahm seinen

Koffer an Land. Er wünschte auch einmal den Ehrenbreitstein[1] zu besuchen, und dazu konnte ihm vielleicht der Major helfen, wenn er ihn hier in Koblenz fand.

In dem Hotel wußte ihm aber niemand Auskunft über Major von Buttenholt zu geben. Er hatte allerdings lange Jahre in Koblenz gelebt und der Wirt kannte ihn genau, aber, wie es hieß, sollte er vor einiger Zeit hier fortgegangen sein; wohin wußte er nicht. Es war ihm sehr knapp gegangen und der alte Herr immer leidend gewesen. Vielleicht konnte der Fremde, wenn er den Major aufzusuchen wünsche, Näheres über ihn von einem der älteren Offiziere erfahren. Um den Ehrenbreitstein zu besuchen, mußte er sich überhaupt eine Erlaubniskarte geben lassen.

In der Kommandantur, wo er die Erlaubniskarte ohne weiteres erhielt, traf er einen alten Soldaten und fragte diesen nach dem Major.

„Du lieber Gott!“ sagte der alte Mann; „ob ich ihn kenne? so ein lieber braver Herr! hab' ich doch bei seinem Regiment gestanden.“

„Und lebt er nicht mehr in Koblenz?“

„In Koblenz? — nein; aber nicht weit von hier in einem kleinen Nest, Mühlheim, drüben am andern Moselufer; 's ist auch nicht weit und ein ganz hübscher Spaziergang, aber er kommt trotzdem nur selten oder gar nicht herein, und ich habe ihn Jahr und Tag[2] nicht gesehen.“

„Und geht es ihm gut?“

„Ich glaube, es geht ihm recht knapp," sagte der alte Mann; „und er ist wohl nur von Koblenz fortgezogen, weil es ihm hier zu teuer wurde. Sorgen und Leid hat er genug gehabt, aber nur wenig Freude —"

„Mit seinem Sohn?"

„Leider Gottes!" nickte der Alte, „das war ein Tunichtgut, wie er im Buche steht, und die verdammten Spielhöllen in der Nachbarschaft richteten ihn vollends zu Grunde. Heimlich und in Zivil schlich er sich hinüber nach Ems und schob den Gaunern das kleine Vermögen des Vaters nach und nach in den Rachen; ja, als das fort war, machte er Schulden über Schulden, und um seinen Schlechtigkeiten endlich die Krone aufzusetzen, schoß er sich eine Kugel vor den Kopf."

„Ich denke, er ist in einem Duell geblieben?"

„So hieß es. Man hatte es auch dem alten Major so beigebracht, daß er sich die Sache nicht gar so sehr zu Herzen nehmen sollte; aber ich war dabei, wie sie ihn fanden."

„Armer alter Mann!"

„Ja wohl, armer Mann, und jetzt bezahlt er von seiner kleinen Pension langsam die Schulden ab, die der leichtsinnige Bursche Hals über Kopf gemacht hat, und sitzt dabei drüben in dem kleinen Nest mutterseelenallein und lebt, wie mir neulich ein Kamerad sagte, in Hunger und Kummer."

„So hat er weiter keine Kinder?"

„Noch eine Tochter; die hat aber auch zu fremden Leuten gehen müssen, um etwas zu verdienen."

„Und wie komme ich am besten nach Mühlheim?"

„Ach, jedes Kind zeigt Ihnen den Weg; gehen Sie nur über die Moselbrücke und fragen Sie dort, wen Sie wollen, Sie können gar nicht fehlen."

Heute war es dazu allerdings zu spät, denn er gedachte doch erst von seiner Karte Gebrauch zu machen und wünschte auch den Sonnenuntergang auf dem Ehrenbreitstein mit anzusehen; aber am nächsten Morgen sollte es sein erster Weg sein. Der Weg auf die Festung lohnte sich reichlich; der Anblick von da oben über das herrliche Rheintal war wirklich bezaubernd, und dabei hatte sich der Himmel heute gerade nur leicht bewölkt und bei vollkommen reiner Luft mit seinen wundervollsten Tinten geschmückt, so daß sich der Wanderer von dem Anblick kaum wieder losreißen konnte. Der Anblick söhnte ihn auch mit dem Rhein aus — welche Unannehmlichkeiten er auch bis jetzt gehabt, sie waren in der Stunde vergessen und vergeben; und als er an dem Abend an seinem Tisch im Hotel ganz allein saß und einer Flasche trefflichen Markobrunners[1] zusprach, trank er ein Glas nach dem andern auf das Wohl des Vater Rhein und seiner schönen Gauen.[2]

Am nächsten Morgen war er früh auf und beschloß auch gleich einen Spaziergang nach Mühlheim zu. Der Weg war wunderhübsch, durch lauter Rebengelände, und von einer Masse von Landleuten belebt, die nach Koblenz zum Markt zogen; die Richtung konnte er indessen nicht verfehlen, und nach einer Stunde, in welcher er sich noch da und dort aufgehalten, erreichte er den kleinen, allerdings sehr unscheinbaren Ort, und ließ sich dann durch einen Jungen, der sich bereitwillig dazu erbot und barfuß neben ihm hersprang, die Wohnung des alten Majors zeigen, die er sich freilich, als sie endlich in Sicht kam, doch nicht so unscheinbar gedacht hatte, wie er sie jetzt fand.

Es war ein kleines einstöckiges Häuschen, das kaum mehr als einige Stuben enthalten konnte, mit niederen Fenstern und moosbewachsenem Schieferdach; ein Gärtchen lag allerdings daneben, aber es konnte kaum mehr als vierzig Schritte im Quadrat halten und schien auch mehr zum Gemüse- und Kartoffelbau als zu Zierpflanzen verwendet zu sein; nur einige Obstbäume standen darin. Und dort lebte ein Major, der doch wahrlich in früheren Zeiten eine bessere Einrichtung gewohnt gewesen! Der alte Soldat hatte jedenfalls recht; es ging dem Mann knapp, und er konnte nicht viel auf äußeren Glanz verwenden,[1] hatte sich dafür aber gewiß in seiner Häuslichkeit desto behaglicher eingerichtet.

Fritz öffnete auch ohne weiteres die Haustür, riß aber rasch den Hut vom Kopf, als er sich dadurch plötzlich schon in der Stube des Majors und diesem gegenüber sah. Der alte Herr ging mit auf den Rücken gelegten Händen in seiner Stube auf und ab, blieb mitten in seinem Spaziergang stehen und sah sich erstaunt nach der Tür um, als diese so unerwartet aufgerissen wurde.

„Ich muß tausendmal um Entschuldigung bitten, verehrter

Herr," sagte Fritz erschreckt; „aber ich glaubte nicht, daß die Tür direkt in Ihr Zimmer führte, und habe nicht einmal erst angeklopft."

„Bitte, keine Entschuldigung!" sagte der alte Soldat, eine ehrwürdige, stattliche Gestalt, mit schneeweißem, aber noch militärisch zugestutztem Bart, indem er sein kleines Käppchen nur eben lüftete; „wünschen Sie *mich* zu sprechen und mit was[1] kann ich Ihnen dienen?"

„Ich habe Sie allerdings im Auftrage meines Vaters aufgesucht, Herr Major — Sie erlauben mir, daß ich mich durch dessen Brief einführe."

„Ihres Vaters?"

„Regierungsrat Wessel in Haßburg."

„Sind *Sie* der junge Wessel?" rief der Major, indem er ihn erstaunt betrachtete, — „und woher kommen Sie jetzt?"

„Von Köln, wo ich mich einige Wochen aufgehalten."

„Merkwürdig — merkwürdig!" sagte der Major, indem er den Brief nahm und erbrach; „aber wollen Sie sich nicht setzen? Legen Sie Ihren Hut ab — bitte, machen Sie nicht viel Umstände," setzte er mit einem bittern Blick auf seine Umgebung hinzu: „Sie sehen, daß wir hier in außerordentlich einfachen Verhältnissen leben."

Fritz warf einen flüchtigen Blick umher: Du lieber Himmel, der alte Herr hatte in der Tat recht — es *waren* einfache Verhältnisse und einfacher konnte eigentlich kein Tagelöhner wohnen, als der pensionierte Major es tat.

Das Zimmer war einfach geweißt und das ganze Ameublement bestand in einem großen in der Mitte stehenden Tisch von weißem aber blank gescheuertem Tannenholz, einem kleineren, auf dem Schreibmaterialien lagen, einem kleinen Regal mit Büchern, und drei hölzernen Stühlen. Nur einige Bilder aus früherer Zeit hingen an den Wänden und im Fenster standen freundliche, sorgfältig gepflegte Blumen. Aber wie sauber sah alles aus — wie leer freilich, aber doch auch wie nett und ordentlich; und Fritz nahm mit größerer Befangenheit auf einem der hölzernen Stühle Platz, als er wahrscheinlich in dem reichsten und kostbarsten Salon gezeigt haben würde. Der Major, der indessen seine Brille von seinem Schreibtisch genommen hatte, überflog die Zeilen mit dem Blick, dann faltete er den Brief wieder zusammen, legte ihn auf den Tisch und starrte wohl eine halbe Minute lang schweigend vor sich nieder. Endlich sagte er leise:

„Mein junger Freund, es läßt sich eben nicht ändern. Tatsachen, die Sie selber mit Augen gesehen, sind unmöglich zu verheimlichen. Ich — lebe nicht mehr in den Verhältnissen, in denen mich Ihr Vater früher gekannt, und nur daß sie[1] unverschuldet über mich gekommen, läßt mich dieselben leichter ertragen."

„Mein lieber Herr Major —"

„Bitte, lassen Sie mich ausreden. Wäre es anders, so verstände es sich von selbst, daß der Sohn meines teuersten Jugendfreundes auch bei mir seine Wohnung aufschlagen müßte."

„Aber mein bester Herr, ich bin nur im Vorbeifliegen bei Ihnen eingekehrt — nur um Ihnen des Vaters Grüße zu bringen und ihm endlich einmal Nachricht von Ihnen zu geben, da er auf alle seine Briefe keine Antwort erhalten hat.“

„Ich habe ihm gestern geschrieben.“

„Gestern?“

„Ja! ich hatte eine Schuld an ihn abzutragen!“

„Eine Schuld? Davon hat er nie etwas gegen mich erwähnt.“

„Das glaub' ich; sie ist auch noch neu — doch davon nachher — ein Glas Landwein kann ich Ihnen wenigstens vorsetzen und ein Butterbrot, daß wir einmal mitsammen anstoßen[1] mögen — ich bin außerdem auch noch in Ihrer Schuld.“

„In meiner Schuld! — ich verstehe Sie nicht.“

„Sie sollen es gleich erfahren; ich lasse Sie nur einen Augenblick allein — bitte, behalten Sie Ihren Platz!“

Fritz wußte sich das Benehmen des alten Herrn nicht zu erklären und wünschte fast, daß er den Platz gar nicht betreten hätte. Es lag ein so tiefer Schmerz in den Zügen des Majors, gepaart mit so stiller, eiserner Resignation, daß ihm die Tränen in die Augen kamen. Und doch, wie hätte er hier helfen können, denn er fühlte recht gut, daß schon die Andeutung eines solchen Erbietens den alten Soldaten auf das tiefste gekränkt hätte und jedenfalls starr und unerbittlich von ihm zurückgewiesen würde.

Die Tür öffnete sich wieder und herein trat der Major, hinter ihm aber ein junges Mädchen, das eine Flasche und zwei Gläser trug und mit schüchternem Gruß auf den Tisch stellte.

Wo, um Gotteswillen, hatte er nun das Gesicht schon gesehen? Diese großen, braunen Augen mit den scharf geschnittenen Brauen. Und was für wundervolles Haar das Mädchen hatte! — er mußte sich doch irren, denn das Haar wäre ihm unter allen Umständen aufgefallen.

Das junge Mädchen — sie mochte kaum achtzehn Jahre zählen — hatte sich indessen der Flasche und Gläser entledigt und drehte ihm noch den Rücken zu; Fritz bemerkte aber, daß sie über und über rot geworden war. Sahen sie so selten hier Besuch oder schämte auch sie sich ihrer Armut? — Armes Ding! — da drehte sie sich plötzlich nach ihm um; ihr Antlitz war ordentlich purpurrot gefärbt, aber ihm die Hand entgegenstreckend, sagte sie herzlich:

„Wie freue ich mich, daß ich Ihnen nochmals für die Hilfe danken kann, die Sie mir neulich in Köln geleistet! o, ich wußte gar nicht, wie ich mir helfen sollte."

„Mein liebes gnädiges Fräulein!"[1] rief Fritz ordentlich erschreckt aus, denn erst in diesem Augenblick erkannte er das junge Mädchen aus dem Hotel; „ich hatte keine Ahnung, daß —"

„Das arme hilflose Mädchen, die von einem Kellner beleidigte Fremde, die Tochter des Majors von Buttenholt sein könne," sagte der alte Major bitter; „ich glaube es

Ihnen, aber desto ehrenvoller haben Sie sich benommen, und auch ich danke Ihnen herzlich für den Schutz, den Sie ihr gewährten, mein lieber junger Freund."

„Mein bester Herr Major—"

„Sie können sich denken, wie erstaunt ich war," fuhr dieser fort, „als mein armes Kind nach Hause zurückkehrte, erzählte, wie es ihr gegangen und mir Ihre Karte gab. Es versteht sich aber von selbst, daß ich meine Schuld so rasch als möglich abgetragen habe; und da ich natürlich nicht ahnen konnte, daß Sie mich alten, weggesetzten Invaliden hier in meiner Einsamkeit aufsuchen würden, so schickte ich gestern das Geld an Ihren Papa und schrieb ihn dabei, wie edel sein Sohn an einer armen Fremden gehandelt habe."

„Mein bester Herr, jener Kellner betrug sich so roh und flegelhaft—"

„Es bleibt sich gleich, das arme Kind war Ihnen doch vollkommen fremd und wußte sich in dem Augenblick nicht zu helfen. Sie ist schändlich von jener polnischen Familie behandelt worden."

Fritz schwieg; es war ihm ein gar so peinliches Gefühl, zu denken, daß der alte, auf seinen Rang und Namen doch gewiß noch stolze Herr sein einziges Kind hatte hinaus zu fremden Leuten und in Dienst geben müssen;[1] und daß es ein Muß gewesen, du lieber Gott! er sah das ja hier aus allem, was ihn umgab, und die äußerste Armut, die größte Einschränkung verriet. Der alte Major aber, der etwa erraten mochte, was in ihm vorging, schob ihm ein Glas hin und rief mit erzwungener Fröhlichkeit:

„Und nun trinken Sie erst einmal, mein lieber junger Freund! es ist zwar schnöder Landwein, aber doch nicht vom schlechtesten, und der gute Wille muß eben die Qualität ersetzen. Nachher aber erzählen Sie mir von meinem alten wackeren Freund, Ihrem Papa, und seinem Wohl soll das erste Glas gelten!"

Er schenkte ihm ein und Fritz konnte einer so freundlichen Einladung natürlich nicht widerstehen. Es war allerdings „schnöder Landwein," und in irgend einem Hotel würde ihn der etwas verwöhnte junge Mann jedenfalls verächtlich bei Seite geschoben haben; hier schmeckte er kaum, was er trank, und als ihm Margareth auf einem gewöhnlichen irdenen Teller die frische Butter brachte und ein großes Schwarzbrot dazu auf den Tisch legte und sich dann ans Fenster setzte, um mit einer aufgenommenen Arbeit seinen Worten zu lauschen, erzählte er erst von daheim, wie es sein Vater treibe und wie es ihm gehe—hatte er doch nur Gutes zu berichten—und kam dann auf seine eigene Reise, deren kleine Hindernisse er in so humoristischer und drolliger Weise schilderte, daß selbst der alte Major lächelte und ein paarmal Margarets perlengleiche Zähne sichtbar wurden. Wie er aber auf die Vorgänge in Köln und den Verdacht kam, den man gegen den vermeintlichen Grafen Wladimir gefaßt, rief der Alte aus:

„Dann hat die Margaret doch recht gehabt! Mit dem

Burschen ist es auch nicht richtig. Dahinter steckt faules Spiel—und wie haben sie mein armes Kind behandelt!"

„Waren denn die Damen auch unfreundlich mit ihr?"

„Die alte nicht, aber die junge soll ein wahrer Satan gewesen sein."

„Die Comtesse Olga?"

„Sie war recht bös und hart mit mir," sagte Margaret leise; „und ich tat doch alles, was ich ihr an den Augen absehen konnte."

Fritz[1] gab es bei den Worten einen Stich durchs Herz. Wie still, wie geduldig hatte das in guter Familie erzogene arme Kind die Mißhandlung—vielleicht einer Abenteurerin ertragen, nur um dem Vater eine Sorge abzunehmen, und wie war sie dafür von dem nichtsnutzigen Gesindel behandelt worden! Mit all den Gedanken, die ihm hier durch den Kopf zogen, litt es ihn aber nicht lange bei dem alten Major; er mußte nach Koblenz zurück; er gab vor, heute morgen Briefe zu erwarten, aber er komme[2] noch einmal heraus, wenn es ihm der Major gestatte, um Abschied zu nehmen; er hatte ja auch versprochen, noch einmal nach Köln zurückzukehren und, wenn es ihm dann „seine Zeit" erlaubte, hielt er ebenfalls wieder in Koblenz an.

Ganz in Gedanken hatte er, während er noch sprach, seine Cigarrentasche herausgenommen, um sich eine Cigarre anzuzünden. Jetzt erst fiel ihm auf, daß der alte Major ja ohne lange Pfeife war, wie er ihn sich immer gedacht.

„Rauchen Sie gar nicht?“ fragte er ihn, als er ihm die Tasche entgegenhielt, „die Cigarren sind gut.“

„Ich danke Ihnen — ich habe es mir vollkommen abgewöhnt,“ sagte der alte Soldat; „ich — vertrug es nicht.“

Fritz sah, wie sich Margaret abwandte und ein gar so weher Schmerz ihr liebes Antlitz bewegte. Der alte Mann vertrug es wohl, aber hatte sich auch den letzten und liebsten Genuß versagt, um seinen ehrlichen Namen zu wahren, den der eigene Sohn unter die Füße getreten; und als Fritz bald darauf wieder den Weg in die Festung zurück schritt, summte es ihm so von allerlei wirren Gedanken durch den Kopf,[1] daß selbst das reizende Landschaftsbild vor ihm wie mit einem dichten Nebel bedeckt schien, und er nichts sah als das bleiche, abgehärmte Gesicht der Tochter und die ernsten, resignierten Züge des alten Soldaten.

Neuntes Kapitel.

Schluß — natürlich mit einer Heirat.

In seinem Hotel angekommen, schloß er sich gleich in sein Zimmer ein und begann einen Brief an seinen Vater, in dem er diesem seine bisherigen Erlebnisse schildern wollte. Merkwürdig leicht und rasch ging er aber bis zu dem heutigen Tag über alles hin, was ihn betroffen, und beschrieb nur auf das ausführlichste sein Begegnen mit dem alten Major und dessen Tochter.

Als er den Brief beendet hatte, machte er einen Ausflug in die benachbarten Berge und nahm sein Skizzenbuch mit. Er wollte so wenig als möglich mit Menschen zusammentreffen und konnte sich dort draußen ja am besten seinen Platz nach Gefallen aussuchen. Es war auch schon dunkel, ehe er nach Koblenz zurückkehrte; der nächste Morgen fand ihn aber schon wieder auf der Straße nach Mühlheim und er brauchte diesmal keinen Führer, um ihm den Weg zu dem kleinen ärmlichen Hause zu zeigen. Er fand ihn allein, und fand ihn Tag nach Tag, bis er mit sich im klaren war, daß er — wenn er denn einmal heiraten sollte — keine bessere und bravere Frau auf der weiten Welt finden könne als eben Margaret.

Diese stille Sorgfalt im Hause, diese Liebe zum Vater, diese ruhige Heiterkeit in all der schweren Sorge und Armut; die Tränen traten ihm oft in die Augen, wenn er sie heimlich dabei beobachtete. Und kein Wort der Klage hatte sie — und doch wie anders mußte ihr Leben in ihren Kinderjahren gewesen sein, wo sie, wie aus des alten Majors Erzählung hervorging, sich in glücklichen Verhältnissen bewegte, während jetzt der Mangel an ihrem Tisch saß und Sorge und Not bei ihnen eingekehrt waren.

Und liebte sie ihn wieder? — Er glaubte: Ja. — Er hatte freilich keinen Beweis dafür als ihr freundliches Lächeln und leises Erröten, wenn er kam, den Blick, mit dem sie von ihm Abschied nahm, wenn er ging; aber er hoffte, daß sie sich an seiner Seite glücklich fühlen könne, und wenn er auch nicht imstande war, ihr ein glänzendes Los zu bieten, ein sorgenfreies jedenfalls.[1]

In dieser Zeit erhielt er einen Brief von seinem Vater, der ihm auf die Seele band, sich näher nach den Umständen des Majors zu erkundigen und „Alles zu tun, was in seinen Kräften stehe, um dessen Lage zu erleichtern“ — Geld könne er dazu von ihm bekommen, so viel er brauche, aber er fürchte, es würde dem alten hartköpfigen Soldaten schwer beizukommen sein.

Fritz lachte still vor sich hin — er wußte ein Mittel, ihm seine Lage zu erleichtern, und wanderte unmittelbar nach Empfang des Briefes wieder nach Mühlheim hinaus, erstaunte aber nicht wenig, als er einen kleinen gepackten Koffer mitten in der Stube fand. So herzlich ihn der Major bisher immer aufgenommen hatte, so schien er[2] ihm doch heute nicht gelegen zu kommen. Er grüßte ihn halb verwirrt, und es war kein Zweifel, daß er irgend etwas hatte, was er nicht gern aussprechen mochte oder worin ihn wenigstens die Gegenwart des Fremden[3] störte. Fritz versuchte eine gleichgültige Unterhaltung anzuknüpfen, aber es ging nicht; der Major selber unterstützte ihn nicht darin und gab ihm nur ausweichende Antworten, und als endlich Margaret vollständig reisefertig das Zimmer betrat und ordentlich erschrak, als sie den jungen Freund bemerkte, da half eben nichts mehr — es mußte zur Sprache gebracht werden.

„Sie wollen verreisen, mein gnädiges Fräulein,“ rief

Fritz bestürzt aus; „und wenn ich nicht zufällig herausgekommen wäre, hätte ich nicht einmal Abschied von Ihnen nehmen können?“

„Es ist so plötzlich gekommen,“ sagte Margaret leise.

„Und darf ich wissen, wohin Sie gehen?“ fragte der junge Maler und sah sie dabei mit einem so herzlichen Blicke an, daß sie errötend die Augen zu Boden schlug. Sie erwiderte aber kein Wort, und es entstand eine Pause, die zuletzt dem alten Manne peinlich wurde.

„Ja, Sie dürfen's wissen,“ sagte er endlich, „denn ein Geheimnis ist's ja doch nicht — Gretchen[1] hat gestern abend noch einen Brief bekommen, worin ihr in einer bekannten und guten Familie eine Stelle als Gouvernante angeboten wurde, wenn sie eben augenblicklich eintreten könnte. Die Sache ging ein bißchen Hals über Kopf, aber — es läßt sich eben nicht ändern.“

Der alte Herr schwieg und drehte sich dabei halb ab, denn das Auge des jungen Malers, das seines suchte, sollte die zerdrückte Träne nicht sehen, die sich ihm zwischen die Wimpern stahl. Sie war ihm aber trotzdem nicht entgangen, und als sein Blick jetzt hinüber zu dem Mädchen flog und auch dort die stille, resignierte Trauer in ihren lieben Zügen entdeckte, da hielt er sich nicht länger.

„Herr Major,“ sagte er mit bewegter Stimme; „seien Sie mir nicht böse, daß ich mich in die Angelegenheit Ihrer Familie gedrängt habe, aber ich möchte Ihnen gern mehr sein als ein fremder, wandernder Maler, der flüchtig

Ihr Haus besucht und dann weiter in die Ferne zieht. Sie sind der alte bewährte Freund meines Vaters, der noch an Ihnen mit all der alten Liebe hängt und mir noch heute geschrieben hat, wie er sich gefreut, daß ich Sie aufgesucht, und wie froh es ihn machen würde, etwas recht Gutes von Ihnen zu erfahren."

„Da wird er freilich noch ein klein wenig warten müssen," sagte der alte Soldat trocken; „der gegenwärtige Augenblick, wo ich mich von meinem einzigen Kinde trennen soll, ist wenigstens nicht geeignet, ihm eine solche Mitteilung zu machen."

„Und wenn Sie sich nun doch nicht von ihm[1] zu trennen brauchten?" rief Fritz mit zitternder Stimme.

„Nicht zu trennen brauchten?" wiederholte der Major erstaunt; „wie meinen Sie das? Ich verstehe Sie nicht!"

„Herr Major!" brach da aber Fritz aus; „ich liebe Ihre Tochter! Margaret, wenn Sie mir nur ein klein wenig gut sind und glauben, mit einem so einfachen Menschen, wie ich bin, auskommen zu können,[2] o so reichen Sie mir Ihre Hand und sagen Sie das kleine Wörtchen: Ja! — Seien Sie versichert," fuhr er bewegt fort, als das junge Mädchen wie mit Blut übergossen vor ihm stand und keine Silbe über die Lippen bringen konnte, „daß ich nicht immer so ungeschickt bin, wie ich mich vielleicht in Ihrer Gegenwart gezeigt. Von Herzen bin ich auch gewiß nicht böse, und wenn Sie mich zu einem glücklichen Menschen machen, will ich Ihnen danken mein ganzes Leben lang.

— Herr Major, legen Sie ein gutes Wort für mich ein."

Der alte Major stand sprachlos vor Überraschung und nur sein Blick suchte die Tochter, aber Fritz war einmal im Gang und auf Margaret zugehend und ihre Hand ergreifend, sagte er leise und herzlich:

„Margaret, willst du mein liebes Weib sein? bist du mir denn ein ganz klein wenig gut?" — Da neigte sie leise ihr Haupt auf seine Schulter und flüsterte ein kaum hörbares, aber doch so seliges: „Ja!" und Fritz umschlang sie jubelnd mit seinem rechten Arm, und drückte den ersten, heiligen Kuß auf ihre Stirn.

Es wäre aber unmöglich, das Glück der guten Menschen jetzt zu schildern, und dem alten Manne liefen dabei die großen hellen Tränen in den weißen Bart hinab. Fritz hatte aber auch schon allerlei Pläne fix und fertig. Hier durfte der Major natürlich nicht allein wohnen bleiben; er sollte sein Häuschen verkaufen und mit seinen Kindern nach Haßburg zu seinem alten Freunde ziehen. Die Regulierung seiner Geschäfte[1] würde sein eigener Vater schon übernehmen, der sei außerordentlich praktisch; er selber verstehe gar nichts davon, und daß sich Margaret wohl und glücklich bei ihm fühlen würde, dafür bürge er ihm mit seinem eigenen Herzblut.

Der Major lächelte, aber er ließ ihn plaudern — sprudelte es doch auch nur so in Glück und Seligkeit von seinen Lippen,[2] als er jetzt mit leuchtenden Blicken erzählte, wie ihn sein Vater eigenhändig auf die Brautschau geschickt habe, damit er endlich einmal ein selbständiger, vernünftiger Mensch — natürlich mit Hilfe einer Frau — werden solle.

Von Margarets Reise war natürlich nicht mehr die Rede; sie mußte sich augenblicklich hinsetzen und einen Absagebrief schreiben, und Fritz selber eilte an dem Nachmittag in einem wahren Taumel von Wonne nach Koblenz zurück, um zuerst an seinen Vater zu telegraphieren und ihm dann noch an demselben Abend ausführlich zu schreiben und ihn zu bitten, selber nach Koblenz zu kommen, um alles Weitere zu ordnen und die nötigen Papiere[1] — ohne die wir armen Sterblichen nun einmal nicht glücklich werden können — mitzubringen.

In diesen Tagen, die er natürlich mehr in Mühlheim als in Koblenz zubrachte, und wo er nur nachts in seinem Hotel schlief, erhielt er eines Abends einen Brief aus Köln von seinem alten Freund, dem Kanzleirat, worin ihn dieser bat, ungesäumt auf einen Tag nach Köln zu kommen, da die Polizei nach ihm verlangt habe. Er würde nicht lange aufgehalten werden; übrigens begriffe der Kanzleirat nicht, was er so lange in dem langweiligen Nest, dem Koblenz zu sitzen habe; er hätte wohl schon lange wieder einmal einen Abstecher nach dem freundlichen Köln machen können, ohne erst auf eine polizeiliche Einladung zu warten.

Fritz, obgleich er sich jetzt nicht gern von Mühlheim trennte, war doch insofern mit einem kurzen Abstecher nach Köln einverstanden, als er eine Masse von Einkäufen zu machen hatte, die er jedenfalls dort besser als in Koblenz ausführen konnte. Schon am nächsten Morgen, nachdem er Margaret nur ein paar erklärende Zeilen geschrieben, fuhr er mit dem Frühzug ab und wurde wieder im Hause des Kanzleirats auf das herzlichste aufgenommen, überraschte diesen aber gründlich mit der Nachricht seiner Verlobung, die jedoch den alten, freundlichen Herrn fast zu Tränen rührte und seine volle Billigung fand.

Und was sollte er auf der Polizei? — Ja, davon wußte der Kanzleirat gar nichts. Der Polizeidirektor hatte nur zu ihm geschickt und ihn bitten lassen, wenn er die Adresse des Herrn Friedrich Wessel wisse und dieser sich noch in der Nähe befinde, ihn zu ersuchen, sich so bald als möglich auf dem Amt einzufinden, da er ihm eine Mitteilung zu machen habe.

Fritz, um die Sache so rasch als tunlich zu erledigen, begab sich ungesäumt dorthin und erfuhr hier, daß man jenen Grafen Wladimir alias Baron von Senken, alias Friedrich Wessel, alias Lord Douglas, der, wie sich jetzt herausgestellt, aber nur ein Schneidergeselle Namens Oskar Schullek aus Haßburg war, bei einem Silberdiebstahl eingefangen und auch schon zu einem vollen Geständnis gebracht habe. Er hatte erzählt, daß er schon in Haßburg oft für den Maler Wessel, den er recht gut von Ansehen kannte, da er bei seinem Meister arbeiten ließ, gehalten worden sei, und die Ähnlichkeit auch zuweilen benützt habe, um sich aus Verlegenheiten zu ziehen. Er bestätigte auch, ihn in Mainz gesehen zu haben. In Ems machte er, wie sich nach dort eingegangenen Erkundigungen ergab, einen Versuch, die Spielbank zu bestehlen, wurde aber entdeckt und aus dem Saal gestoßen und verließ Ems gleich darauf. Dadurch erklärte sich auch wohl das Aufsehen, das Fritz erregte, als er mit der unbefangensten Miene von der Welt gleich den Abend darnach — und wie man glaubte, nur mit abrasiertem Schnurrbart — in den nämlichen Sälen spazieren ging, und er wunderte sich jetzt nicht mehr über die Aufmerksamkeit, die man ihm dort geschenkt.

Und die beiden Damen, Comtesse Olga und ihre Mutter?

Waren ein Paar ganz gemeine Betrügerinnen, die in dem polnischen Hause, dessen Namen sie sich fälschlich zugeeignet, als Kammerfrau und Haushälterin gedient und dann einen gemeinschaftlichen Diebstahl ausgeführt hatten. Ein russischer Beamter war ihnen gefolgt, und hatte sie drüben in Deutz[1] erkannt. Sie befanden sich jetzt, in seiner Begleitung, auf ihrem Weg in die Heimat, um dort ihre verdiente Strafe zu verbüßen.

Fritz, wenn auch nicht durch die Ähnlichkeit geschmeichelt, fühlte sich doch insofern durch das Einbringen des fatalen Menschen beruhigt, daß er jetzt unschädlich gemacht worden, und für ihn selber keine weiteren Unannehmlichkeiten mehr entstehen konnten. Er ging aber, um nicht zu viel Zeit zu versäumen und bald nach Koblenz zurückkehren zu können, jetzt ungesäumt daran, seine Einkäufe in Köln zu machen, und der alte Kanzleirat begleitete ihn dabei und half ihm aussuchen.

Am zweiten Abend hatte er alles besorgt und seine Abreise auf den nächsten Morgen festgestellt. Gegen Abend, bei wundervollem Wetter, machten sie noch einen Spaziergang nach dem zoologischen Garten[1] hinaus und schlenderten dort in den herrlichen Anlagen und zwischen den wilden Bestien herum. Da hörte Fritz plötzlich seinen Namen rufen, und sich rasch darnach umdrehend, sah er sich der ganzen Familie des Doktor Raspe, den beiden jungen Damen Rosa und Viola und seinen alten Freund Klaus Beldorf gegenüber, der auf ihn zusprang und ihm herzlich die Hand schüttelte.

Nicht so erfreut schienen die beiden jungen Damen über das Zusammentreffen; sie sahen wenigstens außerordentlich verlegen aus und waren blutrot geworden. Auch Dr. Raspe mochte[2] sich nicht recht behaglich fühlen; er ging wenigstens auf Fritz zu, reichte ihm die Hand und sagte:

„Der Schafskopf von Oberkellner hat uns da eine schöne Geschichte aufgebunden; — es freut mich außerordentlich, daß Sie —"

„Kein tatsächlicher Spitzbube sind, nicht wahr, Herr Doktor?" lachte Fritz; „und die jungen Damen haben es gewiß so bedauert."

„Aber weißt du denn, daß sie den eigentlichen Kujon,

der auf deinen Namen gereist ist, eingefangen haben?" rief Klaus.

„O sicher," lächelte der junge Maler; „ich stehe seit der Zeit mit der Polizei in so genauer Verbindung, daß ich von allem unterrichtet werde. Aber ich fürchte, wir stören die Damen —"

„Ich bitte Sie dringend," nahm der Doktor das Gespräch wieder auf, „uns ja zu besuchen, wenn Sie wieder nach Mainz kommen. Wir wollen morgen früh dahin aufbrechen."

„Dann habe ich vielleicht das Vergnügen Ihrer Begleitung bis Koblenz," erwiderte Fritz, „wohin ich ebenfalls morgen früh zurückkehre, um meine Braut dort nicht so lange allein zu lassen."

„Deine Braut?" rief Klaus erstaunt aus; „und darf man fragen?"

„Gewiß! — Fräulein von Buttenholt, die Tochter des alten Majors von Buttenholt, eines alten Freundes meines Vaters."

„In der Tat?" stotterte der Doktor; „das ist ja recht rasch gekommen."

„Eine alte Bekanntschaft," lächelte Fritz, und warf einen Blick auf Viola hinüber, die jetzt aber plötzlich ein sehr ernstes und vornehmes Gesicht machte. „Doch ich störe gewiß die Damen — mein lieber Herr Doktor, es hat mich herzlich gefreut, Ihnen wieder begegnet zu sein. — Lieber Klaus, wir sehen uns jedenfalls in Haßburg. Meine

Damen, ich habe die Ehre, mich Ihnen gehorsamst zu empfehlen!“ Und mit einer sehr höflichen, aber auch förmlichen Verbeugung nahm er den Arm des Kanzleirats, den er der Gesellschaft nicht einmal vorgestellt, und wanderte mit ihm weiter, in einem der Gänge hinab.

Das übrige ist bald erzählt. Zwei Tage später traf sein Vater in Koblenz ein, und rührend war das Wiedersehen der beiden alten Herren in dem Glück ihrer Kinder. Der Major sträubte sich allerdings anfangs, noch mit nach Haßburg zu ziehen, aber es half ihm nichts, der Regierungsrat gab nicht nach. Die Hochzeit wurde auch jetzt beschleunigt und vier Wochen später reiste das junge, glückliche Paar, von den Segenswünschen der Väter begleitet, über Hamburg und Berlin zurück in die Heimat, um sich dort ihren eigenen Herd zu gründen, und erst in Hamburg ließ sich Fritz seinen schon ziemlich stark gewachsenen Bart abrasieren — Margaret hatte ihn darum gebeten, weil sie ihn jetzt gegen alle weiteren Anfechtungen vollständig gesichert glaubte.

NOTES

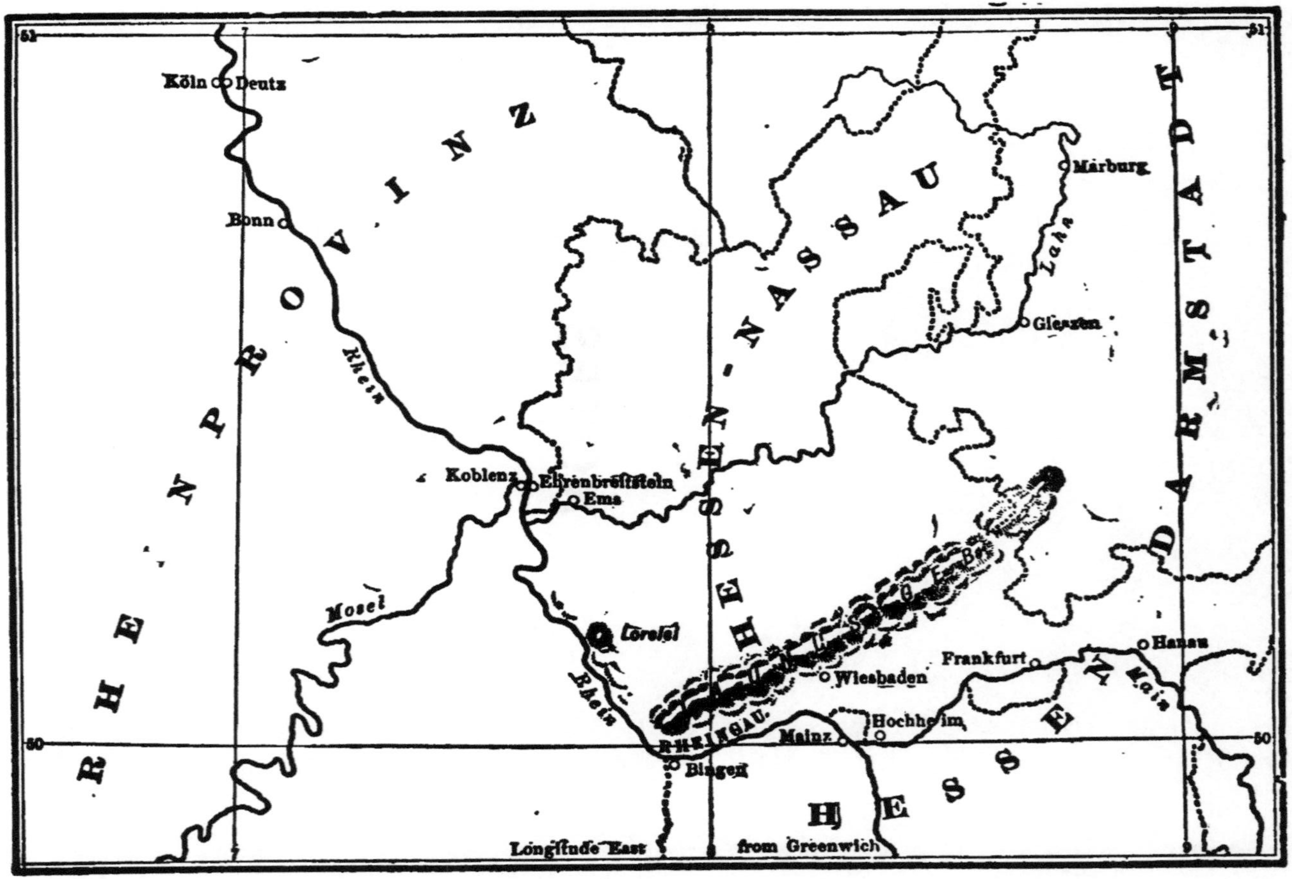
RHEINPROVINZ
HESSEN-NASSAU
DARMSTADT
HESSEN
HESSEN
Köln
Deutz
Bonn
Rhein
Koblenz
Ehrenbreitstein
Ems
Mosel
Lorelei
Rhein
RHEINGAU
Bingen
Mainz
Hochheim
Wiesbaden
Frankfurt
Hanau
Main
Lahn
Marburg
Longitude East
from Greenwich
51
50
7
8
9

NOTES

Irrfahrten, *rambles;* compound of irren, *wander* and Fahrt, *journey.*

Page 1. — 1. **Regierungsrat;** Rat, "councillor," is the commonest of all German titles. Of its numberless compounds many are merely honorary distinctions, others designate certain official positions. The title Regierungsrat, "government councillor," is borne by the members of the governing boards (Regierungen) of the administrative districts (Regierungsbezirke) into which some of the German states, notably Prussia, are divided. The English translations of such titles are often altogether meaningless, hence it is in many instances better to leave them untranslated. Cf. Stadtrat, p. 3, n. 2; Kanzleirat, p. 16, n. 1; Archivrat, p. 68, n. 1.

2. **dessen,** here, *his;* the possessive pronouns of the third person, sein and ihr, must generally refer to the subject of the sentence. When it is necessary to make the pronoun refer to something else, dessen and deren, the genitive forms of the demonstrative, are usually preferred to the possessives.

3. **die neben der Tasse liegende Zeitung,** *the paper which lay beside the cup.* As the modifiers of an adjective must all precede it, it frequently happens, especially with participles used adjectively, that phrases of considerable length intervene between article and adjective. This construction recurs constantly in this text. In translating, either place the entire group of words after the adjective or use a relative clause.

4. **davon . . . daß,** *of the fact that;* a dependent clause or an infinitive with zu is often anticipated in the principal clause by a neuter pronoun or by a compound of da with a preposition. Various devices have to be resorted to in translating such sentences. Cf. p. 2, n. 2; p. 3, n. 2; p. 3, n. 4.

5. **könne**, *might;* in clauses of indirect discourse German generally employs the tense that would have been used in the direct discourse, though a change of tense to correspond to that of the governing verb is also permitted. English requires this change of tense.

6. **dem**, here, *his.*

Page 2. — 1. **Fritz . . . ließ . . . die Zeit ruhig an sich kommen**, *and Fritz W., then, took life easily.*

2. **dachte . . . nicht daran, daß ein anderer . . . könne**, *he naturally did not think of such a thing as that another might do it for him;* cf. p. 1, n. 4.

3. **mußte . . . haben**, not "had to have," but *must have had.*

4. **gekommen**, participle as predicate adjective with schien; use perfect infinitive in English.

5. **dem . . . fortlesenden Sohn**, *his son, who calmly kept on reading;* the adverbial expression noch immer, which sounds pleonastic when translated literally, may often be rendered by "keep on," "continue," with an infinitive. On the order in this sentence, see p. 1, n. 3.

6. **In der Sache**, der is demonstrative, hence emphasized in reading.

7. **von was** = wovon; the use of was after prepositions governing the dative is a common colloquialism.

8. **leugnen hilft dir auch nichts mehr**, *denying will avail you nothing further, either;* leugnen is subject of hilft, and nichts is adverbial accusative.

Page 3. — 1. **Harmonie**, *Harmony* (*Club*); this is a common name for social clubs.

2. **daß mir . . . nichts daran lag**, *that I, as senior councilman, was not at all anxious;* Stadtrat means here a member of the city council, but it may also mean the council itself. For daran, see p. 1, n. 4.

3. **K i n d e r streiche**, in German typographical practice spacing is used to indicate emphasis.

4. **mich damit beschäftige, abends Nachtwächter zu prügeln**, *am engaged in beating nightwatchmen evenings;* see p. 1, n. 4.

5. **getan,** supply **hat**; the omission of the perfect auxiliary in dependent clauses is very frequent in this story.

6. **Wer hat . . . eingeworfen?** *who smashed?* Notice the frequent use of the perfect tense instead of the past.

7. **ein Viertel auf elf,** *a quarter past ten.*

Page 4. — 1. **es . . . nicht ungern gesehen, daß du dich . . . losrissest,** *perhaps for that very reason were not exactly sorry to see you get away.*

2. **die Herren Nachtwächter;** courtesy requires the use of **Herr** before titles and names of occupations, both in direct address and in speaking of persons; here, however, it is ironical and slightly contemptuous, and should not be translated.

Page 5. — 1. **Über das Endziel . . . schien er . . . mit sich im reinen,** *as to the purpose of the conversation as a whole, however, he seemed indeed to have a clear idea.*

2. **Knall und Fall** expresses extreme rapidity, the underlying figure being the suddenness with which the *fall* of the game follows upon the *report* of the gun; say, *all of a sudden.*

3. **wünschte** is here a diplomatic subjunctive, *I should like you to go.*

Page 6. — 1. **hast du — ist also jemand,** conditional inversion.

2. **kann;** the modal auxiliaries often stand alone with adverbs of direction, a verb of motion, e. g., **gehen, kommen,** being understood.

3. **werde,** supply **ich**; pronoun subjects of the first and second persons are frequently omitted in colloquial German.

Page 7. — 1. **Rhein,** the *Rhine,* the greatest river of Germany and one of the principal streams of Europe, is famed for the romantic beauty of its scenery, its ruined castles, its historical associations, its busy commerce and the place it holds in the hearts of the German people. See map.

2. **wäre,** the past subjunctive in these two sentences is the so-called potential subjunctive, which differs but little in force from the present indicative, merely serving to make the assertion less positive; translate: *that seems to be settled, then; really, I think it is entirely unnecessary.*

3. **es fragt einen . . . niemand . . . um eine Legitimation,** *no one asks you for an identification any more, you know;* the subject here is niemand, es being merely expletive; einen, the object, is indefinite pronoun.

4. **poste-restante-Brief,** *general delivery letter;* the French expression, "poste restante," "to remain until called for," is also used in English. In German postlagernd is now preferred.

Page 8. — 1. **Was auch seinem Vater einfiel,** *what a notion his father did have.*

2. **Du lieber Gott;** such expressions are no more forcible than *Good gracious! Heavens!* etc., and usually should not be translated literally.

3. **durfte nicht übers Knie gebrochen werden,** *must not be despatched offhand;* a proverbial expression which makes the breaking of a stick across the knee a type of hasty, ill-considered action.

4. **träfe,** *is likely to meet,* potential subjunctive; see p. 7, n. 2.

5. **was zum Henker kann ich für meine Gesundheit,** *how the deuce can I help having good health;* Henker, "hangman," is a common euphemism for Teufel.

Page 9. — 1. **gesagt hätte,** *did not say;* see p. 7, n. 2.

2. **hol's** (hole es) **der Henker,** *deuce take it.*

3. **ungelegte Eier,** *unlaid eggs;* i. e., purely visionary troubles.

4. **versäumt sich ausstellen zu lassen,** *neglected to have made out (for himself);* sich is dative with ausstellen, which has passive force, as is frequently the case with the infinitive governed by lassen.

5. **durch** is not separable prefix, but an adverb modifying the phrase zwischen den Zähnen; omit in translating.

Page 10. — 1. **Ich bin's gar nicht,** *I'm not the man at all.* — **Du bist's nicht?** *It isn't you?* The German construction appears to be the reverse of the English, for the personal pronouns, with the exception of es, are not used as predicate nominatives.

Page 11. — 1. **Mädchen gibt es da zum Anbeißen,** *there are most charming girls there;* or, "sweet enough to eat."

2. **Haßburg** is a fictitious place, apparently imagined as located at no great distance from Gieszen, on one of the railway lines that meet at that point.

3. **Papiere,** the applicant for a marriage license must present documents to establish his identity; a certificate of birth (Geburts-schein) is always required.

4. **machten** is subjunctive.

5. **habe** is at the same time auxiliary with besprochen and independent verb with Grund as object.

Page 12. — 1. **Mainz** (*Mayence*), **Koblenz, Bonn, Köln** (*Cologne*) are the chief cities along the middle portion of the Rhine.

2. **daß du . . . nicht den Liebenswürdigen spielst,** *that you shall not play the charmer.*

3. **nichts weniger als,** *anything but.*

Page 13. — 1. **den Teufel nicht an die Wand malen,** a proverb based on the old superstition that making any image of the devil would cause him to appear in person. In English proverbs naming the devil suffices as a summons to him. The meaning is that one should avoid any action from which evil consequences can be foreseen.

2. **eine Anzahl vom Bürgermeister unterschriebener Karten,** *a number of cards signed by the mayor.*

3. **liegen,** English uses the present participle.

4. **bekam Sand darüber gestreut,** *received a sprinkling of sand on it;* this old method of drying ink is still in quite common use in Germany.

5. **Silbergroschen,** for an account of the German monetary systems see p. 73, n. 1.

Page 14. — 1. **die beiden jungen Damen werden . . . sein,** future tense to express probability.

2. **Mainz** is situated on the west bank of the Rhine, opposite the mouth of the Main. It was one of the earliest Roman colonies on the Rhine and in the Middle Ages was a powerful free city, bearing the proud title das goldene Mainz. From the end of the fifteenth century on, it was governed by its archbishops, who were electors of the Holy Roman Empire. After belonging to France during the time of Napoleon, it was in 1816 annexed to the grand duchy of Hessen. Mainz is to-day a busy industrial center and an imperial

fortress of the first rank. It is the upper terminus of the great tourist route.

3. **Frankfurt**, situated on the Main about 20 miles from its confluence with the Rhine, belongs now to Prussia, but was until 1866 a free city. It was for centuries the place of election, and later of coronation, of the Holy Roman Emperors. On the organization of the German Confederation in 1816 it became the meeting-place of the Bundestag (German Diet). Goethe was born here in 1749. Frankfurt is a city of the first importance as a commercial and financial center.

4. **Bäder**, the district to the north and northwest of Frankfurt, including the Taunus Mountains and extending as far as the valley of the Lahn, contains a great number of mineral springs, most of which have a large patronage as health and summer resorts. The best known watering-places of this region are Wiesbaden, Homburg and Ems.

Page 15. — 1. **käme**, *am likely to come.*

2. **hättest**, use present indicative in English; the potential subjunctive in a question gives a tone of deference or courtesy.

3. **Rückseite**, Seite belongs also with Vorder-.

4. **hinein**, i. e., in the blank on the card.

Page 16. — 1. **Kanzleirat** is the title of certain subordinate officials in various government bureaus. It should not be translated literally, as the English title, "councilor of chancery," has an entirely different meaning; see p. 1, n. 1.

2. **müssen herangewachsen sein**, in a dependent clause the auxiliary may, instead of following, precede a perfect infinitive.

Page 17. — 1. **Coupé zweiter Klasse**, the usual type of car on German railways, as on those of Europe in general, is divided into sections (Coupés or Abteilungen), each with its own doors on either side of the car. These compartments are of three classes, differing in luxuriousness of appointments, in the space allotted each passenger and in the amount of fare charged. A second class coupé has eight upholstered seats. Smoking is permitted in all compartments except those set apart for Nichtraucher and for Frauen.

2. **Mit**, omit in translating and make *traveling* subject.

Page 18. — 1. **fort** is adverb modifying **über seine Hühneraugen.**

2. **und ihm dabei ein . . . Butterbrot . . . auf die Knie drückt,** *and as he does so presses against his knee the buttered side of a piece of bread and butter that he has been nibbling.*

3. **darf,** here, *must;* dürfen with a negative can generally be rendered best by *must.*

4. **herunter** modifies schlägt, which here means *falls.*

5. **Schaffner,** a train employe corresponding in many respects to the brakeman on American passenger trains; he attends to the seating of the passengers, calls out the names of stations, examines, and on some lines collects, the tickets. The official in charge of the train is the Zugmeister.

Page 19. — 1. **begriffen,** omit in translating.

2. **sollen,** *are supposed to.*

3. **Halt(e)plätze** (or **Haltestellen**), *stopping-places;* Station is the town regarded as a point on the railway, not the "depot," which is always designated as Bahnhof.

4. **vieren,** the cardinal numerals up to neunzehn may be inflected when no noun follows.

5. **daneben,** *in the next compartment.*

6. **den unglücklich eingepferchten,** *the unfortunate prisoners;* translate as though genitive with Atemzug.

7. **Marburg** is a small city on the river Lahn in the Prussian province of Hessen-Nassau, about 60 miles north of Frankfurt, and the seat of a university.

Page 20. — 1. **Gießen** is likewise on the Lahn, about 41 miles north of Frankfurt in the grand duchy of Hessen. It is a university town and the junction point of several important railway lines.

Page 21. — 1. **solang's** = solange es.

2. **Badereisenden,** *passengers for the baths.*

Page 22. — 1. **es begann an Wagen zu fehlen,** *there began to be a scarcity of cars.*

2. **der blanke Deubel ist heute los,** *there's the very devil to pay today;* Deubel is a dialect form of Teufel.

Page 23. — 1. **Abteilung,** which here means *seat,* is now used officially instead of Coupé.

Page 24. — 1. **vis-à-vis** (pronounce *wies-a-wie*) = gegenüber.

2. **man sah es ihr an,** *one could tell by a look at her.*

3. **lange nicht,** *by no means.*

4. **etwas** when applied to persons has derisive force. This sentence is one of a number of passages that express a certain degree of contempt for foreign tourists.

5. **Die Damen schienen sich . . . eingerichtet zu haben,** *the ladies seemed indeed to have adapted themselves to the circumstances.*

Page 25. — 1. **Müller oder Meier,** Fritz emphasizes his annoyance at being constantly mistaken for other people by representing the latter as always bearing very common names.

2. **mein gnädiges Fräulein,** German has a number of forms of address which have no parallels in English and which must often be left untranslated; Gnädiges Fräulein, gnädige Frau, originally used only in the higher circles of society or in addressing superiors, are coming into more general use.

Page 26. — 1. **konnte nicht recht klug daraus werden,** *could not quite make out* (*which she was*).

2. **dem** does not refer to any one word, but to the annoying situation as a whole.

3. **wandte er sich,** *he said, turning.*

4. **eine allgemeine Verbindung,** *a general conversation.* Fritz, presuming that the older woman did not speak German, wished to give her an opportunity to take part in the conversation.

Page 27. — 1. **gehalten hätte** is conditional subjunctive, while wäre is indirect, with the tense changed to conform to that of the principal verb.

2. **gemacht habe,** in the same indirect clause with wäre and einschlüge, forms an excellent illustration of the variation in the treatment of the verb in indirect discourse.

3. **Nicht wahr** at the beginning of a sentence has the same force as at the end.

4. **Warschau,** *Warsaw,* the capital of the former kingdom of Poland, now belonging to Russia.

5. **vermutet,** supply hatte.

6. **rein zum Totschießen,** *simply beyond endurance;* totschießen = "to shoot dead," i. e. commit suicide.

Page 28. — 1. **mochte . . . doch wohl fühlen,** *very likely felt.*

2. **man soll da so geprellt werden,** *they say you are robbed so there.*

Page 29. — 1. **Hanau** is a city on the Main about 10 miles by rail from Frankfurt.

2. **Völkerwanderung,** *national migration.* This term (English, ("migration of nations") is applied to the extensive and complex movements of the Germanic peoples from northern and central Europe toward the south and southwest, which took place at the beginning of the Middle Ages, particularly in the 4th. to the 6th. centuries.

3. **nach F. in ihre Heimat,** Frankfurt has since the Middle Ages been noted for its large and wealthy Jewish population. The famous Rothschild family had its origin here.

4. **mer** = wir. — **Kondokteur** = Kondukteur.

5. **aach** = auch. — **mer kennen** = wir können. — **de** = du.

6. **Gott, der Gerechte,** a common Jewish exclamation. — **die Kinder** = den Kindern; in the use of cases after prepositions dialects in general vary greatly from literary German.

Page 30. — 1. **war** is auxiliary with eingestiegen and geblieben.

2. **der älteren Polin auf den Schoß,** *on the lap of the older Polish woman;* join with setzte sich.

3. **einmal über das andere,** *again and again.*

4. **mer'n** = wir ihn. — **finne** = finden.

5. **nich** = nicht. — **als** for da, *since.* — **wohne** = wohnen.

6. **An eine Unterhaltung war . . . nicht zu denken,** *a conversation was now no longer to be thought of.*

7. **fort** is separable prefix with ging.

Page 31. — 1. **„Robche"** = Röbchen, diminutive of Robe, *gown.*

2. **zusammengefühlt,** *found by groping about.*

3. **welcher** refers to **Familie.**

Page 32. — 1. **table d'hote** (French; pronounce *tabl dōt*) means a meal at a fixed price, as distinguished from one in which the guest pays for each dish separately. The same expression is also used in English.

2. **wurde . . . besprochen,** an impersonal passive, *they made the agreement.*

3. **um einer Flasche ausgezeichneten Hochheimers zuzusprechen,** *in order to address himself to a bottle of excellent Hochheimer.* From Hochheimer, the name of a celebrated wine coming from the vicinity of Hochheim, a small town on the Main between Frankfurt and Mainz, is derived the English term *hock*, frequently applied to Rhine wines in general.

4. **d. h.** = das heißt, *that is.*

Page 33. — 1. **die zahllosen Haltestellen** is either an exaggeration or a slip. There are eight stopping-places between the two cities, the distance being only about 23 miles.

2. **an den Festungswerken vorüber,** Mainz is surrounded by a mighty ring of earthworks, along which the railway runs for some distance. A long tunnel under this wall gives entrance to the city itself.

Page 34. — 1. **vornehm nachlässig,** *with an air of aristocratic indifference.*

2. **Gepäckschein,** *check;* a label with a number and the destination is pasted on the trunk, while the owner receives a corresponding stub.

Page 35. — 1. **Laterna magica;** *magic lantern.*

2. **wohin gleich?** An elliptical question, equivalent to wohin sollte er denn gleich abreisen?

3. **was kümmerte ihn die Polin,** *what he did care for the Polish woman.*

4. **Frauenzimmer** in modern usage has contemptuous force, *female.*

Page 36. — 1. **fast gar nicht,** *hardly.*

2. **war** is auxiliary with **geschehen** and independent verb with **Unglück** as predicate.

3. **Vor der Hand,** *for the present.*

Page 37. — 1. **blitzschnell** modifies folgend.

2. **tat** = tun werde (or würde).

3. **unter der Hand,** *secretly.*

4. **Alles nicht,** *both wrong.* — **auch nicht,** *not right, either.*

5. **erste Etage,** (French, pronounce *g* like *s* in *pleasure*) is not the ground floor, but up one flight of stairs, *the second story.*

6. **er brachte Grüße, usw.,** this is what Fritz plans to tell Dr. Raspe in explanation of his call.

Page 38. — 1. **frug,** strong preterite of fragen, now quite unusual.

2. **in die Stadt selber,** the railway station and the row of hotels mentioned on p. 36, l. 3, are on the edge of the city, just inside the fortifications.

3. **Torweg,** either a driveway through a building or the *entrance* of an apartment house or other large building. A porch or some form of architectural ornament projecting over the entrance forms the Vorbau referred to in l. 25.

Page 39. — 1. **Alle Wetter,** *thunder and lightning.*

2. **Zugbrücke — Burgwart,** Fritz facetiously likens the house to a medieval castle with *drawbridge* and *warder.*

3. **an-** is separable prefix with sah.

4. **schaute sich . . . um,** *looked around* (*to see.*)

Page 41. — 1. **Kauz,** originally the name of a kind of owl, is common in the sense of *odd fellow.*

Page 42. — 1. **ich habe ja keinem Menschen etwas zu leid getan,** *I have certainly done no injury to anyone.*

2. **Ihr Herr Vater,** in formal conversation Herr (Frau, Fräulein) is used before words referring to relatives of the person addressed.

3. **auf den verblüfft Dastehenden,** *at him as he stood in amazement.*

4. **mochte** has here its common meaning of "like," "want;" *he certainly did not want to be so indiscreet, either.*

Page 43. — 1. **der, wer weiß was, hier verbrochen haben mochte,** *who perhaps had been guilty of some offense or other here;* wer weiß was is equivalent to an emphatic etwas.

2. **durfte er . . . merken lassen,** *he must under no circumstances let the servant notice.*

Page 44. — 1. **Er mochte . . . ein . . . Gesicht gemacht haben,** *he perhaps looked somewhat dumbfounded, too.*

2. **Ohrfeige,** *cuff (on the side of his head)*; cf. p. 51, ll. 1–6.

Page 45. — 1. **heilig** = ganz gewiß, a common dialect usage.

2. **ungestraft durfte . . . nicht verübt haben,** *the doctor's offense must not go unpunished, anyway.*

3. **in einen braunen Überrock eingeknöpft,** *in a close-buttoned brown frock coat.*

4. **er** refers to the new comer.

5. **Herren Offiziere,** cf. p. 4, n. 2.

Page 46. — 1. **das** refers to the clause, der Herr . . . bemerkte . . . den Fremden.

2. **sprach** = würde sprechen.

3. **sprechen,** here, *talk with, see.*

Page 47. — 1. **dachte gar nicht daran, sich . . . verhöhnen zu lassen,** *had no intention whatever of allowing himself to be ridiculed.*

2. **ich muß Sie . . . darauf aufmersam machen,** *I must in the first place call your attention to the fact.*

Page 48. — 1. **tätlich anzugreifen,** *to assault.*

2. **er** refers to Menschen, the **er** in the next clause to Hauptmann.

3. **wurde** is passive auxiliary with überfallen and independent verb with wahnsinnig as predicate.

Page 49. — 1. **kalt höflich,** *with cold politeness.*

2. **so in Anspruch genommen habe,** *have made such demands upon.*

3. **Bitte, hat nichts zu sagen,** *pray, don't mention it; it is of no consequence.* — **Nr.** = Numero.

Page 50. — 1. **ob,** in translating, supply *to see.*

2. **fixen Idee,** *crazy notion, delusion.*

Page 51. — 1. **sich . . . sehen lassen,** *make his appearance.*

2. **bitte um meine Rechnung,** *bring me my bill, please.*

3. **Danke Ihnen,** *No, thank you.*

4. **daß der Hausknecht . . . bringt,** supply sorgen Sie.

5. **war** = wäre.

6. **Koblenz** is an ancient fortress and city occupying a commanding position at the confluence of the Mosel and the Rhine.

Page 52. — 1. **Hotel zweiten Ranges,** in such a place Fritz thought he would be less likely to run across acquaintances or be placed in other embarrassing situations.

2. **der** (Brief) **hatte Zeit,** *there was time enough for that.*

3. **fand** = würde finden.

4. **solchen** refers to junge Damen.

5. **mochte sich noch immer nicht . . . blicken lassen,** *did not as yet like to appear.*

6. **das gab sich,** *that was decreasing.*

Page 53. — 1. **Ems** is a famous Bad situated on the river Lahn about 10 miles from Koblenz.

2. **an sich erfahren,** *find out by personal experience.*

3. **vier Treppen hoch,** "up four flights of stairs;" *in the fifth story.*

4. **sonst bedauere man sehr,** *if not, they were very sorry.*

5. **ein . . . freundliches Zimmer,** *a very pleasant room that happened to have just been vacated.*

Page 54. — 1. **Kurhaus** is the usual name of the leading hotel at a mineral spring resort. The one at Ems, which is the property of the Prussian crown, contains a number of the principal springs and possesses the finest bathing facilities in the place. A colonnade connects the Kurhaus and the Kursaal, in which are the public rooms mentioned below.

2. **Spielhölle,** licensed public gambling, formerly a prominent feature of the life at these resorts, has been abolished throughout Germany.

3. **rouge et noir** (*rush eh nodr*, literally, "red and black"); the French name of a well-known game, also used in English. It is played on a table with four spaces marked off at each end, upon which the players place their stakes. Of each four one is red and one black, hence the name of the game.

Page 55. — 1. **der „schönen Welt,"** *the fair sex.*

Page 57. — 1. **Taler,** see p. 73, n. 1.

2. **klingen und aufspringen ließen,** *tossed it up and made it ring.*

Page 58. — 1. **die Polizei hat immer recht,** the author apparently intends this sentence to convey a double meaning; *the police have always a right*, and *the police are always right.*

Page 60. — 1. **machen sollten, fortzukommen,** *should get out at once.*

Page 61. — 1. **seinen durcheinander gewühlten Koffer,** *his disordered trunk.*

Page 62. — 1. **Schulze oder Schmidt,** see p. 25, n. 1.

2. **keinen Haken an ihm bekommen,** *get no chance at him.*

3. **Köln war . . . eine wahre Fundgrube alles Schönen,** *Cologne was a perfect mine of everything beautiful.* Cologne can not be better characterized in a few words than by this phrase of Gerstäcker's. Its vigorous life throughout the Middle Ages, when it was called „das heilige Köln," and „die erste Stadt Deutschlands," left it with a large number of beautiful churches and other splendid architectural monuments, such as no other city of Germany can boast. Its famous Gothic cathedral is one of the grandest churches of the world. The Church of the Apostles, mentioned below, is the finest of the other churches of Cologne and a well-known example of the Romanesque style. After long stagnation Cologne had a rapid growth in the latter part of the 19th. century, and has again risen to wealth and power. It has in consequence lost much of the medieval aspect that it still preserved in Gerstäcker's day.

4. **im N'schen Hofe,** *in the N. Hotel*; N. is often used to suppress a name, as the first or last letters of the alphabet are used in English.

Page 63. — 1. **bessern** is here the "absolute" comparative; not "better," but *very good.*

2. **Maler,** the guest is required to register his occupation (Stand, literally "rank"), as well as his name and address.

3. **Dr. med.,** Doktor der Medizin.

Page 64. — 1. **wenn auch** = wenn er es auch gesucht hätte.

Page 65. — 1. **Fritz** is dative.

2. **als daß Fritz hätte . . . verstehen können,** *for Fritz to be able to understand.* When the verb group of a dependent clause contains two or more infinitives, the personal verb does not stand at the end, but regularly precedes the infinitives, and may be separated from them by one or more words.

3. **frisch gewagt ist halb gewonnen,** *a good beginning is half the battle.*

Page 66. — 1. **wollte . . . stehen lassen,** see p. 65, n. 2.

2. **die Herrschaften,** as used here, can not be adequately translated. From its primary use as an abstract noun meaning "lordship, mastery" it developed the meaning of "master" or "mistress," and from this use it has finally passed into a polite form of general application. Meine Herrschaften, used in addressing a mixed company, may be translated *ladies and gentlemen.*

Page 68. — 1. **Archivrat,** an official in the Archiv (Bureau of Archives) upon whom the title Rat has been conferred by the government, presumably in recognition of long and efficient service.

2. **Fräulein Tochter,** see p. 42, n. 2.

Page 69. — 1. **Frau Archivrätin,** a lady receives her husband's title, usually with the feminine suffix -in added.

2. **faux pas** (*fo pa*), *false step, mistake;* a French expression, also used in English.

Page 70. — 1. **Kaffee,** the guest usually has coffee and rolls served in his room in the morning.

2. **er war darüber noch nicht mit sich einig,** *he had not yet quite made up his mind which he would do.*

Page 71. — 1. **dazwischen,** i. e., alternating with it.

2. **Oberserviette** is contemptuous for Oberkellner.—**Mamsell,** from French *mademoiselle*, is applied to shop-girls, housekeepers, companions and to the superior grades of servants generally.

3. **tut . . . vornehm und hochnasig,** *at the same time, too, she acts haughty and stuck-up.*

Page 72.—1. **der zu Fuß angekommen,** u. s. w., Gerstäcker frequently gives expression to his contempt for snobs and for the servility of the waiter class toward them. He means to imply here that the head waiter would have been obsequious only to a guest who bore a foreign or a noble name and who made a display of wealth.

Page 73.—1. **Tlr. = Taler. Sgr. = Silbergroschen. Pf. = Pfennige.** The Taler in the old monetary system of North Germany contained 30 Groschen of 12 Pfennige each. This system was superseded in 1872 by the present imperial system, in which the unit is the Mark of 100 Pfennige, equivalent to about 25 cents. The old silver thaler piece is still in circulation with a value of 3 marks. The thaler therefore is equivalent to about 75 cents, which gives the groschen a value of about 2½ cents.

2. **Bougies und Service** (French; pronounce *buzhiéss, serwiéss*),= Lichter und Bedienung. The old practice of making an extra charge for *lights* and *service* has now been quite generally discarded in all the best hotels.

3. **Dienstmann,** a licensed public *porter* who can be employed for a small fee to carry messages, parcels, trunks, etc.—**Hintragen;** i. e. *carrying* the despatch from the hotel to the telegraph (post) office.

Page 74.—1. **erzählte,** notice that the rest of the entire paragraph is indirect discourse depending on erzählte and versicherte.

Page 75.—1. **festgestellt,** supply gewesen sei.

2. **wollten,** *intended* (*to come here*).

Page 78.—1. **die Gedanken schwirrten ihm . . . durch den Kopf,** *his head was in a whir of confused and jumbled thoughts.*

2. **Portier** (*porti-é*) should not be translated "porter;" it would be better to use the same French word. This functionary performs many of the duties of the American hotel clerk.

3. **der Herr wohnen**, *you live in the house yourself, sir?* In this polite form of address the title is substituted for the pronoun Sie, the verb remaining plural, as though in agreement with Sie.

Page 79. — 1. **den Wirt selber wußte**, *knew the landlord to be.*

Page 80. — 1. **selber ist der Mann**, *a man is himself;* a proverb expressing the idea that the success of the individual depends upon his own character, and not upon fortuitous circumstances or the favor of others.

Page 82. — 1. **seit wir uns nicht gesehen**, the negative is pleonastic and should be omitted in translating.

2. **darüber**; i. e., over our last meeting.

Page 83. — 1. **was ihr . . . gut stand**, *which, however, was extremely becoming to her.*

Page 84. — 1. **mein Fräulein**, *Miss Viola.*

Page 85. — 1. **am 3. d. M.** = am dritten dieses Monats.

2. **im Betretungsfall**, *in case he is caught.*

Page 87. — 1. **deren**, *their;* see p. 1, n. 2.

2. **steckbrieflich verfolgten**, *for whom a warrant is out.*

Page 89. — 1. **Du** is here contemptuous.

Page 92. — 1. **das** refers to the separation in Mainz and is subject of gewesen und . . . veranlaßt worden sei.

2. **wüßte**, wissen, governing an infinitive with zu often takes on almost the meaning of können; "Would not know how to," i. e., *would hardly be able to.* On the mode and tense see p. 7, n. 2.

Page 93. — 1. **Gott weiß wen**, "Heaven knows whom;" i. e. *somebody or other.*

Page 94. — 1. **noch dazu, da**, *the more so, as.*

2. **blieben, zurückkehrten** and **besuchten** should all be regarded as subjunctives.

3. **oder mich . . . wissen ließen**, supply wenn Sie from the preceding speech of the director.

Page 95. — 1. **machten**, the subjects are Frau and Tochter.

2. **eine romantische Scenerie,** the scenic beauty of the Rhine comes to an end near Bonn, and the landscape in the vicinity of Cologne is flat and uninteresting.

3. **der** refers to Scenerie.

Page 96. — 1. **Loreleifelsen,** this famous rock, situated at a great bend in the river a short distance above St. Goar, is perhaps the most imposing cliff on the Rhine. The story of the siren Lorelei, though of modern origin, has become through Heine's beautiful song more widely known than any other Rhine legend.

2. **gesehen wollte ihn . . . niemand . . . haben,** *no one claimed to have seen him for many years.*

Page 98. — 1. **den Ehrenbreitstein,** this ancient and famous fortress occupies a well-nigh impregnable position on the summit of a lofty cliff directly opposite Koblenz.

2. **Jahr und Tag** is an ancient legal formula which has lost its original significance and now means merely *a long time.*

Page 100. — 1. **Markobrunner,** one of the finest Rhine wines, comes from the vicinity of the Markobrunnen, which is on the right bank of the Rhine, about half way between Mainz and Bingen.

2. **Gauen,** the word Gau had in early times a definite political signification, but it is now used for the most part only in a few compound geographical names, one of these being the term Rheingau, which is applied to the hills along the right bank of the river between Niederwalluf, a short distance below Mainz, and Rüdesheim, opposite Bingen. By a rhetorical figure the author here extends the word, in the plural, to the whole Rhine valley.

Page 101. — 1. **er konnte nicht viel . . . verwenden, usw.,** this is the major's situation as Fritz imagines it.

Page 102. — 1. **mit was,** see p. 2, note 7.

Page 103. — 1. **sie** and **dieselben** refer loosely to the unexpressed idea, die Verhältnisse, in denen ich jetzt lebe.

Page 104. — 1. **anstoßen,** when people drink together, it is a German custom to first *touch* their *glasses* together and express a health.

Page 105. — 1. **mein liebes gnädiges Fräulein,** *my dear Miss Buttenholt.*

Page 106. — 1. **hatte . . . geben müssen,** see p. 65, n. 2.

Page 108. — 1. **Fritz** is dative.

2. **aber er komme,** the remainder of the sentence is indirect discourse, dependent on gab vor; but notice that in hatte and hielt . . . an the tense of the direct discourse has been changed, but not the mode. The indicative in an indirect clause does not merely quote the language of the subject, but states an absolute fact.

Page 109. — 1. **summte es ihm so . . . durch den Kopf,** *his head was buzzing so with all sorts of confused thoughts.*

Page 111. — 1. **ein sorgenfreies jedenfalls,** supply konnte er ihr bieten.

2. **so schien er ihm,** er = Fritz. — **Er grüßte ihn,** Er = der Major.

3. **des Fremden** means here rather *outsider* than "stranger."

Page 112. — 1. **Gretchen** (with long e), diminutive of Margareth.

Page 113. — 1. **ihm** = Ihrem Kinde.

2. **glauben, . . . auskommen zu können,** *think you can get along.*

Page 114. — 1. **seiner Geschäfte,** d. h., des Majors Geschäfte.

2. **sprudelte es . . . von seinen Lippen,** *indeed, happiness and bliss were just gushing so from his lips.*

Page 115. — 1. **Papiere,** see p. 11, n. 3.

Page 117. — 1. **Deutz** is the part of Cologne that lies on the right bank of the Rhine. It was until 1887 a separate city.

Page 118. — 1. **dem zoologischen Garten,** the *Zoological Garden* of Cologne is one of the finest parks of its kind in Germany.

2. **mochte . . . nicht,** *perhaps did not.*

VOCABULARY

Pronouns in their usual meanings, numerals, the verbs haben and sein, and a few words identical in the two languages are not included in the vocabulary. The pronunciation of French loan-words is given in parenthesis, the letters having the usual German values, except that *sh* represents the sound of *s* in English *pleasure* and the character ŋ indicates nasalization of the preceding vowel. Plurals identical with the nominative singular and feminine plurals in -en are not given. Genitives are given only for nouns of the mixed declension. Except in a few instances where it will be readily understood, — stands for a repetition of the title word.

A

ab, off, down, away; auf und —, back and forth, to and fro.

abbezahlen, to pay off.

abbrechen, brach, gebrochen, to break off, stop.

abdrehen, sich, to turn away.

Abend, *m.*, -e, evening; heute —, this evening; gestern —, yesterday evening, last night; abends, in the evening.

Abendboot, *n.*, -e, evening boat.

Abenteuer, *n.*, adventure.

Abenteurerin, *f.*, adventuress.

aber, but, however.

abfahren, fuhr, gefahren, to depart, start, leave.

Abfahrt, *f.*, departure.

abgeben, gab, gegeben, to give, give over, deliver.

abgehärmt, careworn.

abgehen, ging, gegangen, to go off *or* away, depart; auf= und —, to walk to and fro.

abgelaufen, overdue.

abgespannt, unnerved, fatigued.

abgewöhnen, to wean; sich etwas —, to leave off, give up (a habit).

abhalten, hielt, gehalten, to stop, prevent.

abhängig, dependent.

abholen, to bring *or* fetch away, get.

ablegen, to lay aside, take off.

ablenken, to turn off.

ablesen, las, gelesen, to read aloud.

ableugnen, to disclaim.

abmachen, to settle, arrange, agree upon.

abnehmen, nahm, genommen, to take from *or* off, relieve.

abrasieren, to shave off.

Abreise, *f.*, departure.

Absagebrief, *m.*, -e, letter of declination, refusal.

Absatz, *m.*, ⁼e, landing (of a stairway).

abscheulich, abominable.

abschicken, to send off, despatch.

Abschied, *m.*, -e, departure, — nehmen, to take leave, bid farewell.
abschütteln, to shake off.
absehen, sah, gesehen, *tr.*, to learn by observation, read in some one's eyes; *intr.*, to look off, pass over; von etwas —, to leave out of consideration; abgesehen davon, to say nothing of.
Absicht, *f.*, intention; die — haben, to intend.
abstatten, to pay (a visit).
Abstecher, *m.*, (side-)trip.
absteigen, stieg, gestiegen, to alight; to stop, put up.
abstempeln, to stamp.
abstoßen, stieß, gestoßen, to thrust off; to utter distinctly; kurz abgestoßen, staccato.
abstreichen, strich, gestrichen, to wipe off; to knock off (ashes from a cigar).
Abteilung, *f.*, compartment, section, seat.
abtragen, trug, getragen, to discharge.
abwarten, to await the end, wait for, wait to see.
abwärts, downwards, downstream.
abwaschen, wusch, gewaschen, sich, to wash *or* cleanse oneself (thoroughly).
Abwechslung, *f.*, variety.
abwehren, to decline, protest.
abweisen, wies, gewiesen, to reject, turn off, cut out.
abwenden, wandte, gewandt, to turn away, keep off; sich —, to turn away.
abwesend, absent.
abwischen, to wipe off.
Achsel, *f.*, shoulder.
achselzuckend, with a shrug of the shoulders.
achten, to respect; — auf, to take notice of, pay heed to.
achtundzwanzigjährig, twenty-eight years old.
achtungsvoll, respectful.
Adel, *m.*, nobility.
Adreßbuch, *n.*, ⸚er, directory.
Adresse, *f.*, address.
Affai're (ai = ä), *f.*, affair.
ahnen, to suspect; nichts —, to have no suspicion.
ähnlich, like, similar; — wie, just as; — sehen, to look like; Ähnliches, something of that sort.
Ähnlichkeit, *f.*, resemblance, likeness.
Ahnung, *f.*, suspicion, idea.
Ahnungsvermögen, *n.*, faculty of divination.
albern, silly.
Akzent', *m.*, -e, accent.
all, all, every; Alles, everything; alle beide, both of them.
allein, alone, only.
allerdings, indeed, to be sure, certainly.
allerlei, all sorts of.
allerliebst, most charming.
allerorten, everywhere.
allgemein, general, universal.
allmählich, gradual.

alltäglich, every-day, commonplace.

als, as, when, than; — ob, as if; *after negative often* but.

also, so, therefore, then; that is to say.

alt, old.

Alter, *n.*, age.

altertümlich, antique; — gebaut, of antique architecture.

ältlich, elderly.

Ameublement (amöb'lmang), *n.*, -s, furniture.

Amt, *n.*, ¨er, office, police station, magistracy.

amtlich, official.

amüsieren, to amuse; sich —, to amuse *or* enjoy oneself.

an, on, at, by, past, to, toward.

anarbeiten, to labor against, oppose.

anbeißen, biß, gebissen, bite at, nibble.

anbieten, bot, geboten, to offer.

Anblick, *m.*, -e, sight, view.

anblicken, to look at.

Andenken, *n.*, reminder, souvenir.

ander, other, different, else.

ändern, to change; es läßt sich nicht —, it can't be helped.

anders, otherwise, differently.

anderthalb, one and a half.

Änderung, *f.*, change.

anderweitig, additional.

andeuten, to intimate.

Andeutung, *f.*, allusion, hint, intimation.

anerkannt, well-known, notorious.

anfangen, fing, gefangen, to begin.

anfangs, in the beginning, at first.

Anfechtung, *f.*, attack, vexation, disturbance.

Anflug, *m.*, ¨e, indication, suggestion.

Anfüllen, *n.*, filling up.

angeben, gab, gegeben, to give, mention, state; angegeben, set, scheduled.

angeblich, ostensible; as they pretended.

angebrannt, lighted.

angehen, ging, gegangen, *tr.*, to concern; *intr.*, to do, work, be practicable; das wird unmöglich —, that will not work, can not be done.

angehören, to belong to.

Angelegenheit, *f.*, affair.

angenehm, pleasant, agreeable; sehr —, I am delighted (to make your acquaintance).

Angesicht, *n.*, -e, face, countenance.

angreifen, griff, gegriffen, to attack.

ängstlich, anxious.

anhalten, hielt, gehalten, to stop.

ankleiden, to dress; sich —, to dress oneself.

anklopfen, to knock.

anknüpfen, to begin, engage in.

ankommen, kam, gekommen, to arrive; schlecht —, to fare ill.

Ankunft, *f.*, ¨e, arrival.

Anlage, *f.*, (*usually plur.*), pleasure ground, public walks, parks.
anlaufen, lief, gelaufen, to run against, make headway.
anmelden, to announce; sich — lassen, to send in one's card.
annehmen, nahm, genommen, to take on, accept, receive; sich —, (*with gen. of person*), to take care of, take the part of.
anreden, to speak to, accost.
anrufen, rief, gerufen, to call to.
anschauen, to gaze at.
anschieben, schob, geschoben, to shove on to, push against.
anschlagen, schlug, geschlagen, to strike, dash against.
anschließen, schloß, geschlossen, sich —, to attach oneself, cling.
Anschuldigung, *f.*, accusation.
anschwellen, schwoll, geschwollen, to swell up.
Anschwellung, *f.*, swelling.
ansehen, sah, gesehen, to look at *or* on; sieh einmal an! behold!
Ansehen, *n.*, appearance; von — kennen, to know by sight.
Ansicht, *f.*, view.
ansprechen, sprach, gesprochen, to interest, attract attention.
anspringen, sprang, gesprungen, to run to, leap upon.
Anspruch, *m.*, "e, claim, pretension, demand; in — nehmen, to bring into requisition, encroach upon.
anständig, proper, correct, respectable.
anstarren, to stare at.
anstatt, instead of.
anstecken, to infect.
anstieren, to stare at.
anstoßen, stieß, gestoßen, to strike against; mitsammen —, to touch glasses, drink a health together.
Anstrengung, *f.*, exertion.
Antlitz, *n.*, –e, countenance.
antreffen, traf, getroffen, to come upon, meet, find.
antreten, trat, getreten, to set out on.
Antwort, *f.*, answer.
antworten, to answer.
anwesend, present; die Anwesenden, the persons present.
Anzahl, *f.*, number.
Anzeige, *f.*, notice; zur — bringen, to report.
anzeigen, to announce.
anzünden, to light.
Apfel, *m.*, ", apple.
Apostelkirche, *f.*, Church of the Apostles.
apropos' (*French*, — *oh*), by the way.
Arbeit, *f.*, work, duty, task, order.
arbeiten, to work; — lassen, to have work done.
Arbeitskorb, *m.*, "e, work-basket.
Arbeitszimmer, *n.*, study, office.
arg, bad.
Ärger, *m.*, vexation, annoyance.
ärgerlich, angry, vexed.
ärgern, to vex; sich —, to be vexed *or* irritated.
arm, poor; ärmer um, poorer by.

Arm, *m.*, –e, arm.
ärmlich, poor, wretched.
Armut, *f.*, poverty.
Art, *f.*, manner, kind, sort.
artig, polite, well-behaved.
Arti′kel, *m.*, article.
Arzt, *m.*, ⁻e, physician.
Atelier′, *n.*, –e, studio.
Atemzug, *m.*, ⁻e, breath.
auch, also, too, likewise; as well, besides; even, anyway; *with a negative*, (not) either, neither, nor; wie —, as well as; wenn . . . —, even if, although; was . . . —, welche . . . —, whatever.
auf, upon, on, at, for, to, in, into; *adv. and sep. prefix*, up, open; — und ab, back and forth, to and fro.
aufbinden, band, gebunden, to fasten upon, cause to believe.
aufblühen, to blossom.
aufbrechen, brach, gebrochen, to set out, leave.
aufdrängen, to force upon.
auffahren, fuhr, gefahren, to fly into a passion.
auffallen, fiel, gefallen, to strike as strange, attract attention, astonish; auffallend, striking, showy.
auffangen, fing, gefangen, to snatch up.
Aufforderung, *f.*, summons, invitation.
aufgeben, gab, gegeben, to give up; die Sachen —, to book *or* check baggage.
aufgeblüht, opened, unfolded.
aufgehen, ging, gegangen, to go up, open; aufgehend, opening.
aufgeputzt, bedecked.
aufgeschlagen, open.
aufgreifen, griff, gegriffen, to snatch up.
aufhalten, hielt, gehalten, *tr.*, to stop, delay, keep; sich —, to stay, delay, stop, reside.
aufhören, to cease.
aufklaffen, to gape, fly open.
Aufklärung, *f.*, explanation.
Auflösung, *f.*, dissolution.
aufmachen, sich, to set out.
aufmerksam, attentive, intent; — werden, to have the attention drawn, become interested.
Aufmerksamkeit, *f.*, attention.
Aufnahme, *f.*, reception.
aufnehmen, nahm, genommen, to take up, receive, accomodate.
aufregen, to excite, arouse.
Aufregung, *f.*, excitement.
aufreißen, riß, gerissen, to throw open.
aufrichtig, frank; — gestanden, to be frank.
aufriegeln, to unbolt, unlock.
aufrufen, rief, gerufen, to summon; zum Zeugen —, to call to witness.
aufschieben, schob, geschoben, to put off, postpone.
aufschlagen, schlug, geschlagen, to take up, open; aufgeschlagen, open.
aufschließen, schloß, geschlossen, to unlock.

Aufschließen, *n.*, unlocking.
aufschreien, schrie, geschrieen, to shriek.
aufsehen, sah, gesehen, to look up.
Aufsehen, *n.*, sensation.
aufsetzen, to put on.
aufspringen, sprang, gesprungen, to spring up, rebound.
aufstehen, stand, gestanden, to rise, arise.
aufsteigen, stieg, gestiegen, to rise.
aufsuchen, to look up, seek out.
Auftrag, *m.*, ⸗e, errand, commission, authority; im –e meines Vaters, on behalf of my father.
auftreten, trat, getreten, to appear.
aufwärts, upwards, up.
Aufwartung, *f.*, respects; meine — machen, to pay my respects.
aufziehen, zog, gezogen, to draw up, open.
Auge, *n.*, –s, –n, eye; ins — fassen, to fasten the eyes upon; aus den –n lassen, to let go out of sight.
augenblicklich, immediately.
augenscheinlich, apparent, evident.
Augenstern, *m.*, –e, pupil of the eye, eye.
Augenwimper, *f.*, eyelash.
aus, out of, from, of; *adv.*, out.
ausbedingen, to reserve (to oneself), stipulate.
ausbitten, bat, gebeten, to insist upon.
ausbrechen, brach, gebrochen, to break out, burst out; in –dem Zorn, in an outburst of anger.
ausbreiten, to spread out.
Ausdauer, *f.*, endurance, perseverance.
Ausdruck, *m.*, ⸗e, expression.
ausdruckslos, expressionless.
Ausflug, *m.*, ⸗e, ramble, jaunt, trip; einen — machen, to take a ramble.
ausführen, to carry out, execute, perform; einen Jungenstreich —, to play a prank.
ausführlich, detailed, in detail; auf das Ausführlichste, in the fullest detail.
Ausführung, *f.*, execution; zur — bringen, to carry out.
ausfüllen, to fill out.
ausgeben, gab, gegeben, sich — für, to pretend to be.
ausgehen, ging, gegangen, to go out.
ausgeprägt, pronounced.
ausgerüstet, fitted out, equipped.
ausgestreut, scattered.
ausgetäfelt, wainscoted.
ausgezeichnet, distinguished, excellent.
aushalten, hielt, gehalten, to hold out, endure, stand, stay; das wird auszuhalten sein, that will be endurable.
aushelfen, half, geholfen, to help out, assist.
auskommen, kam, gekommen, to get along, be satisfied.
Auskunft, *f.*, ⸗e, information, news.
auslachen, to ridicule, make sport of.
Auslage, *f.*, money advanced.

auslösen, to release, pay for.
ausnehmen, nahm, genommen, to except.
Ausrede, *f.*, excuse, plea.
ausreden, to finish talking.
ausrichten, to deliver.
ausrufen, rief, gerufen, to cry out, exclaim.
ausruhen, sich, to rest.
aussehen, sah, gesehen, to look, appear.
außen, outside.
Außenseite, *f.*, outside.
außer, outside of, beyond, except.
äußer, outward, external.
außerdem, besides, moreover.
außergewöhnlich, unusual.
außerordentlich, extraordinary.
äußerst, utmost, extreme.
aussetzen, to expose.
aussöhnen, to reconcile.
Aussprache, *f.*, pronunciation.
aussprechen, sprach, gesprochen, to express, utter; sich —, to reveal itself, be revealed.
aussteigen, stieg, gestiegen, to get out (of a car, vehicle, etc.), land.
ausstellen, to make out, issue.
ausstoßen, stieß, gestoßen, to thrust out; to utter; to blow out, puff.
ausstrecken, to stretch out.
ausströmen, to emit.
aussuchen, to pick out, select.
austrinken, trank, getrunken, to drink up.
auswachsen, wuchs, gewachsen, to grow up.
Ausweg, *m.*, -e, way out, escape, solution.
ausweichen, wich, gewichen, to escape from, evade, dodge; -d, evasive.
auszeichnen, sich, to distinguish oneself.
ausziehen, zog, gezogen, to make out.
autographiert, signed.

B

Bad, *n.*, ¨er, bath, watering-place; resort.
Badeort, *m.*, -e, watering-place, resort.
Bahn, *f.*, way, path; railway.
Bahnhof, *m.*, ¨e, railway station, depot.
bald, soon.
Bande, *f.*, band, gang.
Bank, *f.*, bank.
Bankier (bankjeh′), *m.*, -e, banker.
bannen, to charm; an die Stelle gebannt, rooted to the spot; mit einem Zauber gebannt, enchanted.
bar, bare, ready; -es Geld, cash.
Barett′, *n.*, -e, barret, cap.
barfuß, barefoot.
Bart, *m.*, ¨e, beard; einen — stehen lassen, to let the beard grow.
Baudenkmal, *n.*, -e, architectural monument.
bauen, to build; üppig gebaut, of voluptuous figure.
beabsichtigen, to intend.
Beamte, (*adj. inflection*), official.
beantworten, to answer, reply to.

bearbeiten, to work at.
bedauern, to regret, be sorry; ich muß —, I am very sorry.
Bedauern, *n.*, regret.
bedecken, to cover, veil.
bedenken, to consider.
bedeutend, considerable, heavy.
bedienen, sich (*with gen.*), to make use of.
Bedingung, *f.*, condition, terms; unter jeder —, by all means; unter keiner —, by no means, under no consideration.
Bedürfnis, *n.*, -(ss)e, want, need, necessity.
beenden, to end, finish, complete.
befangen, laboring under.
Befangenheit, *f.*, embarrassment
befehlen, befahl, befohlen, to order, desire.
befinden, befand, befunden, sich, to find oneself, be situated, be.
befindlich, to be found, present; die bei ihm -en Sachen, the things found on him; die am Tisch Befindlichen, those who were at the table.
befördern, to convey, transport.
befreien, to free, relieve.
befremden, to appear singular, surprise.
begeben, begab, begeben, sich, to betake oneself.
begegnen, sich, to meet.
Begegnen, *n.*, meeting.
Begegnung, *f.*, meeting, encounter.
begehen, beging, begangen, to commit.
begierig, desirous, impatient.
beginnen, begann, begonnen, to begin.
beglaubigt, certified, attested.
begleiten, to accompany, escort.
Begleiterin, *f.*, companion.
Begleitung, *f.*, company, escort.
begreifen, begriff, gegriffen, to grasp, comprehend, understand; begriffen, on the point of, engaged in.
begrüßen, to greet.
Begrüßung, *f.*, greeting, salutation.
Behagen, *m.*, satisfaction, pleasure.
behaglich, comfortable.
Behaglichkeit, *f.*, comfort.
behalten, behielt, behalten, to keep, retain, reserve; scharf im Auge — to keep a sharp eye on.
behandeln, to treat.
Behandlung, *f.*, treatment.
behangen, decked.
behaupten, to keep, maintain, assert.
Behauptung, *f.*, assertion.
bei, by, at, on, in, among, with, over, at the house of, in the presence of.
beide, both; die -n, the two; alle —, both of them.
beibringen, brachte, gebracht, to bring near, impart, convey, break the news to.
beikommen, kam, gekommen, to get at.
beinahe, almost.

Beispiel, *n.*, –e, example; ein — nehmen, to profit by an example; zum —, for example.
beißen, biß, gebissen, to bite.
beitragen, trug, getragen, to assist in.
bejahen, to answer in the affirmative.
bekannt, well-known, familiar, acquainted.
Bekannte, (*adj. inflection*), acquaintance.
Bekanntschaft, *f.*, acquaintance; — machen, to get acquainted.
bekommen, bekam, bekommen, to get, obtain, receive, have.
bekümmern, to trouble, cause anxiety; sich —, to bother oneself.
belästigen, to annoy, bother.
belebt, alive.
belegen, to designate, reserve, engage.
beleidigen, to insult.
Beleidigung, *f.*, insult.
beliebt, popular.
Belohnung, *f.*, reward.
bemalt, painted.
bemerken, to remark, notice.
Bemerkung, *f.*, remark.
bemühen, to bother, trouble; sich hinüber —, to take the trouble to step over.
benachbart, neighboring.
benehmen, benahm, benommen, sich, to behave, act, conduct oneself.
Benehmen, *n.*, behavior, manner.
beneiden, to envy.
Benennung, *f.*, name, term.
benutzen, benützen, to use.
beobachten, to observe, watch.
bequem, comfortable, convenient.
Bequemlichkeit, *f.*, comfort, ease; nach —, at one's convenience.
bereiten, to prepare, cause.
bereitwillig, prompt, eager.
bereuen, to repent.
Berg, *m.*, –e, mountain, hill.
Bergbach, *m.*, ⸗e, mountain brook.
berichten, to report.
berichtigen, to settle.
Beruf, *m.*, –e, occupation, profession.
beruhigen, to reassure, satisfy.
berühmt, famous.
berühren, to touch, pass through; berührt, affected.
beschaffen, to get, procure.
beschäftigen, sich, to occupy oneself.
Beschäftigung, *f.*, employment, occupation; sich eine — machen, to busy oneself.
Beschlag, *m.*, –e, seizure; in — nehmen, to seize, sequester.
beschlagen, bound.
beschleunigen, to hasten, hurry, expedite.
beschließen, beschloß, beschlossen, to determine, decide upon.
beschreiben, beschrieb, beschrieben, to write upon, describe; beschriebenes Papier, paper with writing on it.
Beschreibung, *f.*, description.

besehen, besah, besehen, to look at behold, view, examine; *often with a dat.* sich, *without change of meaning.*
beseitigen, to put aside, remove.
besetzen, to take, occupy.
Besichtigung, *f.*, inspection.
besinnen, besann, besonnen, sich, to recollect, reflect, deliberate.
Besinnung, *f.*, senses; zur — kommen, to come to one's senses.
besitzen, besaß, besessen, to possess.
besoldet, paid.
besonder, special, peculiar.
besonders, especially.
besorgen, to be afraid of, dislike; to attend to, look after, procure.
besprechen, besprach, besprochen, to talk over, discuss, agree upon, settle.
besser, better, fair; man macht sich — . . ., it is better to make. . .
best, best; das Beste, the best thing; bester Vater, Herr Kanzleirat, u. s. w., my dear father, etc.; zum Besten für, for the benefit of.
bestätigen, to confirm, acknowledge.
Bestätigung, *f.*, confirmation, corroboration.
bestehen, bestand, bestanden, to consist.
bestehlen, bestahl, bestohlen, to rob.
bestellen, to order, reserve.
Bestie (be'stje), *f.*, beast.
bestimmen, to determine; es ließ sich nicht gut —, it was not easy to determine.
bestimmt, definite, certain; etwas Bestimmtes, some individuality.
Bestreben, *n.*, endeavor.
bestürzt, amazed, dumbfounded.
Besuch, *m.*, -e, visit, call, company.
besuchen, to visit, call upon.
Besucher, *m.*, visitor, caller.
betäubt, stunned.
beteiligen, sich, to participate.
Betonung, *f.*, emphasis.
betrachten, to look at, examine, observe, consider.
betragen, betrug, betragen, sich, to conduct oneself.
betreffen, betraf, betroffen, to befall, concern; betreffend, concerned, in question, aforesaid; betroffen, disconcerted.
betreiben, betrieb, betrieben, to carry on.
betreten, betrat, betreten, to set foot in *or* on, enter, catch; betreten, *part.*, confused.
betrüben, to trouble, make sad.
betrügen, betrog, betrogen, to deceive.
Betrügerin, *f.*, swindler.
Bett, *n.*, -es, -en, bed.
beugen, to bend; sich —, to lean.
beurteilen, to judge.
bevorstehen, to impend, await.
bewachen, to guard.
bewahren, to preserve, protect, guard; Gott bewahre! God forbid!

bewährt, tried, cherished.
bewältigen, to master, execute.
bewegen, to move; **bewegt**, agitated, full of emotion.
Bewegung, *f.*, motion, movement; sich in — setzen, to start.
Beweiß, *m.*, –e, proof, evidence.
beweisen, bewies, bewiesen, to prove, show.
bewohnen, to occupy.
bewölken, sich, to cloud, be cloudy.
bewußt, conscious; sich — sein (*with gen*)., to be conscious of.
bezahlen, to pay.
bezaubernd, enchanting, bewitching.
bezeichnen, to mark, designate, point out.
bezeugen, to testify, bear witness.
beziehen, bezog, bezogen, to refer; sich auf etwas —, to refer to something.
Beziehung, *f.*, relation.
bezwingen, bezwang, bezwungen, to suppress.
biegen, bog, gebogen, to bend; sich —, to lean.
bieten, bot, geboten, to offer, present.
Bild, *n.*, –er, picture.
bilden, to form, make, produce; sich —, to form.
Bilderladen, *m.*, ", picture shop.
bildhübsch, pretty as a picture, lovely.
bildschön, beautiful as a picture, lovely.
Billet (billjet'), *n.*, –(tt)e, ticket.
billig, cheap; billigst, at the lowest.
Billigung, *f.*, approval.
binden, band, gebunden, to bind, keep, hinder, engage; sich —, to attach oneself; einem auf die Seele —, to enjoin solemnly upon some one.
bis, until, till, to, as far as, up to, by the time that; — zu, up to.
bisher, hitherto.
bisherig, previous, up to this time.
Bißchen, *n.*, bit; ein —, a little; ein klein —, a little bit.
Bissen, *m.*, bite, mouthful.
bitten, bat, gebeten, to ask, request, beg, plead; (ich) bitte, please, if you please, don't mention it.
blank, bright, glistening; der –e Deubel, the very devil.
Blatt, *m.*, "er, leaf, sheet.
blau, blue.
Blechschmied, *m.*, –e, tinsmith.
bleiben, blieb, geblieben, to remain; stehen —, to stop; sie lassen es eben —, they'll just let the matter drop.
bleich, pale.
bleiern, leaden.
Blick, *m.*, –e, look, glance, gaze, eye.
blicken, to look.
Blitz, *m.*, –e, lightning.
blitzen, to lighten, flash.
blitzschnell, quick as lightning, immediate.
Blondine, *f.*, blonde.

bloß, merely, only.
bloßgestellt, exposed.
Blume, *f*., flower.
Blut, *n*., blood; mit — übergossen, suffused with blushes.
Blüte, *f*., springtime, vigor.
blütenweiß, white as a flower, snow-white.
blutrot, blood-rea, crimson.
Boden, *m*., floor; zu — schlagen, to cast down.
Boot, *n*., –e *or* Böte, boat.
Bord, *m*., –e, (ship) board.
bös, böse, bad, evil; der Böse, the evil one.
bota′nisch, botanical.
Bougie (buzhie′), *f*., –s, candle.
brauchen, to need, take, have to.
Braue, *f*., eyebrow; die –n zusammenziehen, to frown.
braun, brown.
brausen, to roar, rumble.
Braut, *f*., ¨e, fiancée, betrothed; — mit, engaged to.
Bräutigam, *m*., –e, fiancé, betrothed.
Brautschau, *f*., search for a bride.
brav, honest, worthy.
brechen, brach, gebrochen, to break.
breitschultrig, broad-shouldered.
brennend, burning, fiery.
Brief, *m*., –e, letter.
brieflich, by letter.
Brieftasche, *f*., pocket-book.
Brille, *f*., (pair of) spectacles.
Brillenfutteral′, *n*., –e, spectacle-case.
bringen, brachte, gebracht, to bring, get, place, take, put.
Brücke, *f*., bridge.
Bruder, *m*., ¨, brother.
Brust, *f*., ¨e, breast, bosom; aus tiefster —, from the very depths of the heart.
Brusttasche, *f*., breast pocket.
Buch, *n*., ¨er, book; wie er im –e steht, such as you read about.
Buchbinder, *m*., bookbinder.
Buchstabe, *m*., –n, letter.
bündig, concise.
bunt, bright-colored, gay, jumbled; es wird mir zu —, it's too much for me.
Bureau, (büro′), *n*., –s *or* –x, office.
Burg, *f*., castle.
bürgen, to answer for.
bürgerlich, citizen, not noble, common.
Bürgermeister, *m*., burgomaster, mayor.
Burgwart, *m*., –e, warder.
Bursche, *m*., –n, fellow, chap.
Butter, *f*., butter.
Butterbrot, *n*., –e, bread and butter.
Butterkuchen, *m*., butter cake.

C

Charak′ter, *m*., –s, *pl*. Charaktē′re, character.
chine′sisch (ch *as in* ich *or* = tsch), Chinese.
Cigarre, *f*., cigar.
Cigarrentasche, *f*., cigar case.
Civil′, *n*., citizen's clothes.

civilisiert, civilized.
Comptoir (kongtŏar'), *n.*, –e, office.
Comtesse (kongteß'), *f.*, countess, daughter of a count.
Coupe' (kupeh'), *n.*, –s, compartment.
Croupier (krupjeh'), *m.*, –s, croupier (attendant at a gambling table.)
Cylin'deruhr, *f.*, cylinder watch (watch with cylinder escapement).

D

da, *adv.*, there, then; — und dort, here and there; von — ab, from there on; *conj.*, as, since, because.
dabei, thereby, therewith, with it, in it, about it; at that; at the same time, in so doing; present.
dadurch, through that, by that means.
dafür, for it, instead.
dagegen, against that, on the contrary.
daheim, at home; von —, of home.
daher, thence, from there; therefore.
dahin, thither, to that place, that way.
dahinrasseln, to rattle along.
dahinter, behind that; — kommen, to find it out.
damals, at that time.
Dame, *f.*, lady.
Damenwelt, *f.*, the fair sex.
damit, therewith, with that, by it; in order that.
Dampfboot, *n.*, –e, steamboat; mit einem — fahren, to go by boat.
Dampfbootlandung, *f.*, steamboat landing.
Dampfer, *m.*, **Dampfschiff,** *n.*, –e, steamboat.
Dampfwolke, *f.*, cloud of smoke.
danach, after that, thereupon.
daneben, beside it, near it; dicht —, close by.
dankbar, thankful.
danken, to thank, respond (to a greeting); (ich) danke (Ihnen), thank you; (ich) danke vielmals, many thanks, thank you very much.
dann, then; — und wann, now and then.
daran, thereon, on that, of that, by it, in it.
darangehen, ging, gegangen, to set about, go to work.
darauf, thereupon, upon that, afterwards.
darein, drein, into it, along; — reden, to put in, interrupt; — schauen, to look, gaze.
dargereicht, extended, proffered.
darin, therein, in it, in there.
darnach, afterwards.
darstellen, to represent.
darüber, over it, on it, concerning that, on that point, at that.
darum, about it, therefore.
daß, that, so that, in order that.

dastehen, stand, gestanden, to stand there.

dauern, to last, take, be.

davon, thereof, of it, about it, by it.

dazu, thereto, to that, besides, in addition; noch —, moreover, especially, the more so; — fügen, to affix; wie kommen Sie —? what induces you?

dazwischen, in between, at intervals.

definitiv', definite, final.

dekoriert, decorated.

delikat', delicious.

de'mütig, humble.

denkbar, conceivable.

denken, dachte, gedacht, to think; sich, (*dat.*) etwas (jemand) —, to think of, consider, conceive, imagine something *or* someone.

denn, *as adv. does not express time, but inference or consequence, or* (*in questions*) *appeal;* then, so; pray, well; *conj.*, for.

denunzieren, to complain of.

Depe'sche, *f.*, dispatch.

derartig, such, of such kind, of that sort.

deshalb, on that account, therefore.

desto, *adv.*, the; je . . . —, the . . . the.

deucht, *impersonal verb*, — mir (ihm), it seems to me (him).

deuten, to point.

deutlich, plain, distinct.

deutsch, German; der, die Deutsche, German; das Deutsche, the German language.

Deutschland, *n.*, Germany.

Dialekt', *m.*, –e, dialect.

dicht, dense, close; *adv.*, close, right.

dichtgefüllt, crowded.

dick, thick, fat, swollen.

Dieb, *m.*, –e, thief.

Diebstahl, *m.*, ⁼e, theft.

dienen, to serve, aid; zu Dienen, at your service.

Diener, *m.*, **Dienerin**, *f.*, servant.

Dienst, *m.*, –e, service, duty, business; außer —, retired; in — geben, to send out to service.

dienstbar, ministering, familiar.

Dienstbote, *m.*, –n, servant.

Dienstmädchen, *n.*, servant girl.

Dienstmann, *m.*, ⁼er, porter, messenger.

diesmal, this time.

Diner, (diheh'), *n.*, –s, dinner.

Ding, *n.*, –e *or* –er, thing; vor allen –en, the first thing, first of all.

Direk'tor, *m.*, –s, –'en, director, chief.

dirigieren, to direct.

doch, *adversative particle, also particle of emphasis, assurance, confidence;* though; still, yet (*not temporal!*); however, nevertheless, after all; indeed, surely, of course. *Not always translatable.*

Doktor, *m.*, –s, –'en, doctor.

Dom, *m.*, –e, cathedral.

donnern, to thunder.

doppelt, double.

Doppeltaler, *m.*, two thaler piece.

dort, there, yonder; **da und —**, here and there.

dorthin, thither, at that place.

dortig, of that place, there.

drängen, to crowd; **sich —**, to force oneself, intrude.

draußen, outside.

drehen, to turn; **sich —**, turn, revolve.

drein, *see* **darein**.

dringen, **drang**, **gedrungen**, to urge, insist; **— in**, to press, urge; **-d**, urgent.

droben, above, up there.

drohen, to threaten.

drollig, droll.

Droschke, *f.*, cab.

Droschkenfenster, *n.*, cab-window.

Droschkenkutscher, *m.*, cab-driver.

drüben, over there, across.

Druck, *m.*, **⸗e**, pressure.

drücken, to press; **sich —**, to press, squeeze; **-d**, oppressive.

Duell', *n.*, **-e**, duel; **in einem — bleiben**, to fall in a duel.

dumm, stupid, foolish.

Dummheit, *f.*, stupidity, blunder.

dunkelblau, dark blue.

dunkelbraun, dark brown.

Dunkelheit, *f.*, darkness, twilight.

dünn, thin.

durch, through, by.

durcheinander, all together, promiscuously, pell-mell.

durchfliegen, **flog**, **geflogen**, to fly through.

Durchforschung, *f.*, search, investigation.

durchgehen, **ging**, **gegangen**, to go through.

durchkommen, **kam**, **gekommen**, to get off.

Durchmesser, *m.*, diameter.

Durchreise, *f.*, passing through; **auf der —**, on the way through.

durchsichtig, transparent.

durchstreifen, to roam through.

durchsuchen, to search.

durchwühlen, to toss together, ransack.

dürfen, **durfte**, **gedurft**, to be allowed, can, may; *with negative*, must.

düster, dark, gloomy, sullen.

Dutzend, *n.*, **-e**, dozen.

E

eben, even, just, exactly.

ebenfalls, likewise.

ebenso, just so, in the same way, likewise.

ebensowenig, just as little; **— aber auch (kein)**, nor on the other hand . . . either.

ebensowohl . . . als, as well as, both . . . and.

echt, genuine.

Ecke, *f.*, edge, corner.

edel, noble.

Effekt, *m.*, effect.

ehe, before.

eher, sooner, rather, better.

Ehestand, *m.*, matrimony.

Ehre, *f.*, honor.
ehrenvoll, honorable.
Ehrenwort, *n.*, word of honor.
ehrfurchtsvoll, respectful.
ehrlich, honest, honorable.
ehrwürdig, respectable, venerable.
ei! why!
Ei, *n.*, –er, egg.
Eichenholz, *n.*, oak.
eigen, own, one's own, peculiar.
eigenhändig, of one's own accord.
eigentlich, true, real; *adv.*, really, actually, in truth.
eigentümlich, peculiar, remarkable.
eignen, sich, to be suited; geeignet, suitable.
Eile, *f.*, haste.
eilen, to hasten, hurry.
eilig, hasty, urgent.
ein; das eine, eins, (the) one thing; noch eins, one thing more.
einander, one another; hinter —, one after another.
einbiegen, bog, gebogen, to turn in, draw in.
einbrechen, brach, gebrochen, to set in, come on, approach; mit — der Nacht, as night was falling.
Einbringen, *n.*, **Einbringung**, *f.*, taking, capture.
einbürgern, sich, to introduce oneself, make oneself at home.
Eindruck, *m.*, ⁻e, impression.
einfach, simple, plain, mere.
einfallen, fiel, gefallen, to interrupt; to occur to, come into one's head; fällt mir gar nicht ein! I haven't any such idea!
einfangen, fing, gefangen, to capture.
einfinden, fand, gefunden, sich, to present oneself.
einführen, to introduce.
Einführungsbrief, *m.*, –e, letter of introduction.
eingehen, ging, gegangen, to enter into, arrive; to form.
eingeknöpft, buttoned up, dressed.
eingeschüchtert, abashed, subdued.
einhändigen, to hand (in) to.
einig, sole, united, in agreement; mit sich — sein, to have made up one's mind; **einige**, *plur.*, some, several, a few.
Einkauf, *m.*, ⁻e, purchase.
einkehren, to stop, put up at (a hotel); call on, be the guest of.
einladen, lud, geladen, to invite.
Einladung, *f.*, invitation.
einlegen, to lay *or* put in.
Einlieferung, *f.*, delivery.
ein'mal, once, one time.
einmal', once, once upon a time; sometime, some day; just, now, anyway; *with an imperative*, just, now; pray, do! schon —, some time, ever; nicht —, not even.
einnehmen, nahm, genommen, to take up, occupy; –d, attractive; viel Einnehmendes, much that was attractive.
einnicken, to nod; eben im Einnicken, just dropping off.
einpferchen, to pen in.

einrichten, to arrange; sich —, to settle, establish oneself.
Einrichtung, *f.*, establishment.
einsam, solitary.
Einsamkeit, *f.*, solitude, retirement.
einschenken, to pour out.
einschicken, to send in.
einschlafen, schlief, geschlafen, to go to sleep; ein wenig —, to take a little nap.
einschlagen, schlug, geschlagen, to take, follow.
einschließen, schloß, geschlossen, to lock up, confine.
einschmuggeln, to smuggle in.
einschnappen, to snap shut, catch.
Einschränkung, *f.*, retrenchment.
einschwärzen, to smuggle in; sich — bei, to ingratiate oneself with.
einsehen, sah, gesehen, to see, perceive, become aware.
einsetzen, to put in; sich —, to take one's seat, get in.
einsteigen, stieg, gestiegen, to step in, get aboard.
einstöckig, one-storied.
einstreichen, strich, gestrichen, to sweep in.
eintauchen, to plunge in.
eintragen, trug, getragen, to enter; sich —, to register.
eintreffen, traf, getroffen, to arrive, appear, get in.
eintreten, trat, getreten, to step in, enter, appear, take place, begin.
Eintritt, *m.*, -e, entrance.
einverstanden, agreed; mit etwas —, in favor of something.
einwerfen, warf, geworfen, to smash.
einzeln, single, sole, separate, individual.
einziehen, zog, gezogen, to draw in, obtain.
einzig, single, sole, only, one.
Eisenbahn, *f.*, railway.
Eisenbahncoupé, *n.*, railway compartment.
Eisenbahnfahrt, *f.*, journey by rail, railway traveling.
Eisenbahnzug, *m.*, ⁻̈e, railway train.
eisern, iron.
eitel, vain.
Eitelkeit, *f.*, vanity.
elegant', elegant.
Elend, *n.*, misery, misfortune.
elf, eleven.
Eltern, *plur.*, parents.
Empfang, *m.*, reception, receipt; in — nehmen, to receive.
empfangen, empfing, empfangen, to receive.
empfehlen, empfahl, empfohlen, to recommend; sich —, to present one's compliments, bid adieu.
Empfehlungsbrief, *m.*, -e, letter of introduction.
empfinden, empfand, empfunden, to feel.
empfindlich, sensitive.
empor, up.
empörend, shocking.
emporfahren, fuhr, gefahren to fly into a passion.

emporzucken, to start up.
emsig, busy.
Ende, *n.*, –s, –n, end; zu — sein, to be through; am —, after all.
endlich, finally, at last.
Endstation, *f.*, terminal station.
Endziel, *n.*, –e, end, purpose.
Energie', *f.*, energy.
eng, narrow.
engagieren (angazhie'ren), to engage.
enganschließend, tight-fitting.
Engel, *m.*, angel.
Engländer, *m.*, Englishman.
enorm, enormous.
entdecken, to discover, detect.
Entdeckung, *f.*, discovery.
entfernen, to remove; sich —, to disappear.
Entfernung, *f.*, distance.
entgegengesetzt, opposite.
entgegenhalten, hielt, gehalten, to hold out towards.
entgegenkommen, kam, gekommen, to come toward, come to meet.
entgegenstrecken, to extend, hold out.
entgehen, entging, entgangen, to escape (the notice of).
enthalten, enthielt, enthalten, to contain.
entlang, along.
entledigen, sich, *with gen.*, to dispose of.
entrüstet, enraged, indignant.
Entrüstung, *f.*, indignation.
entsetzlich, terrible, enormous.
entsetzt, horrified.
entscheiden, entschied, entschieden, to decide; sich —, to be decided; entschieden, decided, decisive.
Entschiedenheit, *f.*, decision, resoluteness.
entschließen, entschloß, entschlossen, to determine, resolve; rasch entschlossen, with a sudden determination.
Entschluß, *m.*, ⸗e, decision.
entschuldigen, to excuse; sich —, to apologize, make excuses; entschuldigen Sie! *or* Sie entschuldigen, excuse me! –d, in excuse, apologetically.
Entschuldigung, *f.*, excuse, apology; bitte tausendmal um —, I beg a thousand pardons.
entsprechend, corresponding to, according to.
entstehen, entstand, entstanden, to arise.
Enttäuschung, *f.*, disappointment.
entweder, either.
entwenden, to steal.
entwerfen, entwarf, entworfen, to plan, make.
entwickeln, to unfold, develope.
entziehen, entzog, entzogen, to withdraw; sich —, to get away, escape from.
entzückend, ravishing, charming.
entzwei, in two.
erbieten, erbot, erboten, to offer; sich —, to volunteer.
Erbieten, *n.*, offer.
erbrechen, erbrach, erbrochen, to open.

Erde, *f.*, earth, ground.
erdenklich, imaginable.
erfahren, erfuhr, erfahren, to learn, hear.
Erfahrung, *f.*, experience; eine — machen, to have an experience.
erfassen, to seize, catch.
erfinden, erfand, erfunden, to invent.
Erfolg, *m.*, –e, success, result.
erfragen, to ascertain.
erfreuen, to delight; sich —, *with gen.*, to enjoy; erfreut, pleased.
erfreulich, gratifying.
erfüllt, filled.
ergeben, ergab, ergeben, to prove, show; sich —, to appear.
ergötzen, sich, to enjoy oneself.
ergreifen, ergriff, ergriffen, to seize.
erhalten, erhielt, erhalten, to receive, get, obtain.
erheben, erhob, erhoben, to raise, cash; sich —, to rise.
Erhöhung, *f.*, elevation, swelling.
Erholung, *f.*, refreshment, recreation.
erinnern, to remind; sich —, *with gen. or* an *or* auf *with acc.*, to remember.
Erinnerung, *f.*, memory, reminder.
erkaufen, to purchase.
erkennen, erkannte, erkannt, to recognize.
erklären, to declare, explain.
Erklärung, *f.*, explanation.
erkundigen, sich, to inquire.
Erkundigung, *f.*, inquiry, information.
erlangen, to obtain.
erlassen, erließ, erlassen, to issue.
erlauben, to permit.
Erlaubnis, *f.*, permission.
Erlaubniskarte, *f.*, permit.
Erlebnis, *n.*, –(ss)e, experience.
erledigen, to execute, dispatch; sich —, *with gen.*, to dispose of, get rid of.
erleichtern, to lighten, facilitate, relieve.
erleiden, erlitt, erlitten, to suffer.
erleuchten, to light, illuminate.
ermangeln, to want, lack, fail.
ernähren, to support.
ernst, earnest, serious.
Ernst, *m.*, earnest, seriousness; im —, in earnest, seriously.
ernsthaft, earnest.
ernstlich, earnest, serious.
eröffnen, to open.
Erörterung, *f.*, discussion.
erraten, erriet, erraten, to guess.
erregen, to arouse, create.
erreichen, to reach, attain.
erringen, errang, errungen, to obtain, gain by an effort.
erröten, to blush.
Erröten, *n.*, blush.
erscheinen, erschien, erschienen, to appear, seem.
Erscheinung, *f.*, appearance, sight.
erschrecken, erschrak, erschrocken, to be frightened, startled; *trans.* (*weak*), to frighten, startle, shock.
Erschrecken, *n.*, fright.
ersetzen, to make up for.

erſparen, to spare, save.
erſt, first; *adv.*, only, just, not until, as yet.
erſtaunen, to be astonished.
Erſtaunen, *n.*, astonishment.
erſtere (der, die, das), the former.
erſuchen, to ask, request.
ertragen, ertrug, ertragen, to endure.
erwachen, to wake, awake.
erwähnen, *with gen. or acc.*, to mention, remark.
erwarten, to expect, wait for.
erwartungsvoll, expectant.
erwecken, to awaken.
erwerben, erwarb, erworben, to acquire.
erwidern, to reply, rejoin.
erwiſchen, to catch.
erzählen, to tell, relate.
Erzählung, *f.*, story.
erziehen, erzog, erzogen, to bring up, rear.
erzwingen, erzwang, erzwungen, to obtain by force, achieve; erzwungen, forced.
Eſel, *m.*, ass.
Eſſen, *n.*, meals.
Etage (g = zh), *f.*, story, floor.
etwa, perhaps, possibly, about; nicht —, not exactly, hardly.
etwas, something, anything; somewhat, a little; in —, to some extent.
ewig, eternal, constant.

F

fahren, fuhr, gefahren, to go, ride, drive, travel.
Fahrt, *f.*, journey, trip.
Fährte, *f.*, trail, scent.
Fall, *m.*, ⸗e, fall, case.
fallen, fiel, gefallen, to fall.
falls, in case.
falſch, false, wrong, counterfeit.
Fälſcher, *m.*, swindler, imposter.
fälſchlich, falsely.
Falte, *f.*, furrow, wrinkle.
falten, to fold.
Familie (famihl′je), family.
Familienverhältnis, *n.*, –(ſſ)e, family circumstances.
fangen, fing, gefangen, to catch.
Farbe, *f.*, color.
färben, to dye.
Färbung, *f.*, hue, tint.
faſſen, to seize, grasp, form, make; Poſto —, to post oneself; ins Auge —, to fix the eyes upon, stare at.
faſt, almost, nearly.
fatal′, unpleasant, disagreeable, annoying.
faul, foul.
Fauteuil (fotölj′), *m.*, –s, arm chair.
Feder, *f.*, spring.
fegen, to sweep.
fehlen, to fail, lack, miss, be missing, be a lack of; es fehlt mir, I miss; das hatte noch gefehlt, that was too much.
Fehler, *m.*, defect, fault.
fein, fine, pretty.
Fenſter, *n.*, window.
Ferienreiſe, *f.*, vacation trip.
Ferne, *f.*, distance; in die —, afar; aus weiter —, from afar.

ferner, further, in addition.
fertig, ready, complete, prompt, quick.
Fez, *m. or n.*, — *or* Fesse, fez.
fest, fast, firm, settled, definite.
festhalten, hielt, gehalten, to hold fast; sich —, to cling.
feststellen, to set, settle, agree, determine upon.
Festung, *f.*, fortress.
Festungswerk, *n.*, –e, fortification.
Fettflecken, *m.*, grease-spot.
feuerrot, fiery red.
Feuerzeug, *n.*, matches.
Figur', *f.*, figure.
finden, fand, gefunden, to find; sich —, to be found, turn up.
finster, dark, sullen, angry.
fix, fixed, firm; — und fertig, all ready, cut and dried.
fixieren, to fix the eyes upon, stare.
Flamingobusch, *m.*, ¨e, flamingo plume.
Flasche, *f.*, bottle.
flegelhaft, boorish.
Flegeljahre, *plur.*, years of indiscretion, awkward age.
fleißig, industrious; *adv.*, frequently.
Fliege, *f.*, fly.
fliegen, flog, geflogen, to fly, flit.
fliehen, floh, geflohen, to flee.
fließen, floß, geflossen, to flow.
Fluch, *m.*, ¨e, curse.
flüchtig, cursory, hasty, rapid, momentary, casual.
Flunkerei, *f.*, fib, misrepresentation.
flüstern, to whisper.
Folge, *f.*, following, obedience; einer Aufforderung — leisten, to accept an invitation.
folgen, *with dat.*, to follow.
Folgerung, *f.*, inference, conclusion.
fordern, to demand, ask for.
Form, *f.*, form, mould.
förmlich, formal; *adv.*, absolutely, literally.
forschend, searching, investigating, sharp.
fort, forth, on, gone.
fortan, henceforth.
fortfahren, fuhr, gefahren, to go away, drive away, depart; to go on, continue.
fortgehen, ging, gegangen, to go on, go away.
fortgleiten, glitt, geglitten, to glide away.
fortkommen, kam, gekommen, to leave; to get along.
fortlassen, ließ, gelassen, to let go, release.
fortlesen, las, gelesen, to read on.
fortsetzen, to continue.
Fortsetzung, *f.*, continuation.
fortwährend, continually.
fortwerfen, warf, geworfen, to throw away.
fortziehen, zog, gezogen, to move away.
Frack, *m.*, –s *or* ¨e, dress-coat.
Frackträger, *m.*, wearer of swallow-tails.
Frage, *f.*, question.

fragen, (*usually weak, but past tense also* frug), to ask, inquire; — um, to ask for; — nach, to ask for, inquire about.
Franzose, *m.*, –n, Frenchman.
französisch, French.
Frau, *f.*, woman, wife.
Fräulein, *n.*, young lady; *in address*, Miss.
Frauenstimme, *f.*, woman's voice.
Frauenzimmer, *n.*, woman, female.
frech, bold, insolent.
Frechheit, *f.*, impudence.
frei, free, vacant.
freilich, indeed, to be sure.
freiwillig, voluntary.
fremd, strange, unknown, assumed; fremder Mensch, Fremder, *adj. inflection*, stranger, foreigner, outsider. [foreign.
fremdartig, peculiar, singular,
Fremdenbuch, *n.*, ¨er, register.
fremdländisch, foreign.
Freude, *f.*, joy, pleasure, delight.
freudig, joyful.
freuen, to please, delight; sich —, to be pleased, be glad; sich recht von Herzen —, to be heartily glad; sich im voraus auf eine Sache —, to look forward with pleasure to a thing; es würde mich —, I should be glad; es hat uns recht gefreut, it has been a real pleasure to us.
Freund, *m.*, –e, friend.
freundlich, friendly, pleasant, cheerful, courteous, hospitable.
freundschaftlich, friendly.
Frevler, *m.*, offender.
frisch, fresh; — gewagt ist halb gewonnen, "nothing venture, nothing have."
froh, glad, happy.
Fröhlichkeit, *f.*, gaiety.
früh, early; –er, earlier, former; *adv.*, before.
Frühstück, *n.*, –e, breakfast, lunch.
frühstücken, to breakfast, lunch.
Frühstückstisch, *m.*, –e, breakfast-table.
Frühzug, *m.* ¨e, morning train.
fügen, to join; sich — in, to submit to; dazu —, to affix.
fühlen, to feel; sich wohl —, to feel at ease.
führen, to lead, conduct, aim, bring, carry, carry on; das Wort —, to be the spokesman.
Führer, *m.*, guide.
füllen, to fill. [house.
Fundgrube, *f.*, mine, treasure-
Fünfgroschenstück, *n.*, –e, five-groschen piece.
Fünfundzwanzig-Talernote, *f.*, **Fünfundzwanzig-Talerschein**, *m.*, –e, twenty-five thaler note.
Funke (Funken), *m.*, –ns, –n, spark, cinder.
funkeln, to sparkle, gleam.
für, for.
Furcht, *f.*, fear.
furchtbar, fearful.
fürchten, to fear; sich —, to fear, be afraid.
Fuß, *m.*, ¨e, foot; zu —, on foot.

G

galant', gallant.

Gang, *m.*, "e, going, motion; walk, corridor; im — sein, to be started.

ganz, whole, entire, quite, right; im Ganzen, all together.

gar, perfectly, completely; indeed; even; — nicht, not at all, not a bit, by no means; — so, *with an adv.*, so very; *with an adj.*, such a very.

Garnichts, *n.*, nothingness, obscurity.

Gärtchen, *n.*, little garden.

Garten, *m.*, ", garden.

Gast, *m.*, "e, guest.

Gastfreundschaft, *f.*, hospitality.

Gatte, *m.*, –n, husband.

Gau, *m.*, –e, *rarely* –en, district, region.

Gauner, *m.*, robber, sharper.

Gebäude, *n.*, building.

geben, gab, gegeben, to give; sich (*dat.*) — lassen, to order, procure, take; es giebt, there is, there are; zu sehen, was es gebe, to see what was going on.

Gebirge, *n.*, mountains.

Gebrauch, *m.*, "e, use.

gebrauchen, to use.

Geburtsort, *m.*, –e, birthplace.

Geburtsschein, *n.*, –e, certificate of birth.

Geburtsstadt, *f.*, "e, native city, birthplace.

Gedächtnis, *n.*, –(ss)e, mind, memory; im — behalten, to bear in mind, remember.

Gedanke, *m.*, –ns, –n, thought, idea; in Gedanken, lost in thought.

gedankenlos, absorbed in thought, absent-minded.

gedenken, gedachte, gedacht, to intend, contemplate.

Gedränge, *n.*, throng.

Geduld, *f.*, patience.

geduldig, patient.

Gefahr, *f.*, danger.

gefährlich, dangerous.

gefallen, gefiel, gefallen, to please, suit; es gefällt mir, I like it.

Gefallen, *m.*, liking, pleasure, favor; nach —, at his will.

gefälligst, kindly, if you please.

Gefangene, *adj. inflection*, prisoner.

geflochten, braided, woven.

Gefühl, *n.*, –e, feeling.

gegen, against, toward, to.

Gegend, *f.*, region, landscape.

Gegenstand, *m.*, "e, subject, article.

Gegenteil, *n.*, –e, opposite; im —, on the contrary.

gegenüber, opposite, in the face of, with respect to.

gegenüberliegend, lying, situated opposite.

gegenübersitzend, sitting opposite.

gegenüberstehen, stand, gestanden, to oppose, face.

Gegenwart, *f.*, presence.

gegenwärtig, present, at present.

Gehalt, *m.*, –e, salary.

geheim, secret, hidden.

Geheimnis, *n.*, -(ss)e, secret.

gehen, ging, gegangen, to go; to do, work; daran —, to set about; wie geht's? how goes it, how do you do; das geht nicht, that won't do; ging gekleidet, was dressed.

gehören, *with dat.*, to belong.

gehörig, belonging to.

gehorsamst, most humble; mich Ihnen — zu empfehlen, to be your most humble servant.

Geist, *m.*, -er, spirit; dienstbarer —, familiar spirit.

Geistesgegenwart, *f.*, presence of mind.

geistig, intellectual.

Gejammer, *n.*, lamentation, outcry.

Geländer, *n.*, railing.

Geld, *n.*, -er, money.

Geldverlegenheit, *f.*, pecuniary embarrassment.

Gelegenheit, *f.*, opportunity.

gelingen, gelang, gelungen, *impersonal*, *with dat.*, to succeed; das gelang ihm nicht, he did not succeed in that.

gelten, galt, gegolten, to have value; to concern, serve, apply; — für, als, to be considered as.

Gemach, *n.*, ⁼er, apartment.

Gemahl, *m.*, -e, husband.

gemein, common, low.

gemeinschädlich, obnoxious, dangerous.

gemeinschaftlich, in company, joint.

Gemisch, *n.*, -e, mixture.

Gemüsebau, *m.*, cultivation of vegetables.

Gemüsehändler, *m.*, green-grocer.

gemütlich, comfortable, cosy, sociable.

Gemütlichkeit, *f.*, good nature, courtesy.

Gemütsruhe, *f.*, calmness, composure.

genau, exact, close, well; minute, definite.

General', *m.*, -e, general.

genieren (g = zh), to annoy, disturb.

genießen, genoß, genossen, to enjoy.

gentil (zhaŋtihl'), genteel, gentlemanly.

genug, enough.

genügen, to suffice, satisfy; genügend, sufficient.

Genugtuung, *f.*, satisfaction.

Genuß, *m.*, ⁼e, pleasure.

Gepäck, *n.*, luggage, baggage.

Gepäckschein, *m.*, -e, baggage check.

geputzt, gaily dressed, stylish.

gerade, exactly, just, just now, right, quite.

geraten, geriet, geraten, to come, get.

geräumig, spacious.

gerecht, just.

Gerechtigkeit, *f.*, justice.

gereuen, *impersonal*, *with dat.*, to repent; daß dem Sohn der gefaßte Entschluß — könne, that his son might repent the decision he had made.

Gericht, *n.*, –e, court; vor —, in court.

gering, little, slight; das geringste, the least thing.

gern, gladly, willingly; *often best rendered by*: like to, be apt to, *with an infinitive*.

Geruch, *m.*, ¨e, odor.

Gerücht, *n.*, –e, report, rumor.

Geschäft, *n.*, –e, business; ein — haben, to be in business.

Geschäftsverbindung, *f.*, business connection; in — stehen, to have business relations.

geschehen, geschah, geschehen, to happen, be done.

gescheit, sensible, clever; zu nichts Gescheitem bringen, to accomplish nothing worth while.

Geschichte, *f.*, history, story, matter.

Geschlecht, *n.*, –er, sex.

Geschmack, *m.*, ¨e, taste.

geschmeidig, mollified, obsequious.

Geschöpf, *n.*, –e, creature.

Geschwulst, *f.*, ¨e, swelling.

Gesellschaft, *f.*, company, companions.

Gesellschafterin, *f.*, companion.

gesellschaftlich, social.

Gesicht, *n.*, –er, face; ein — ziehen, to make a face; ein verdutztes, ernstes, vornehmes — machen, to look puzzled, serious, haughty; einem zu — kommen, to come into one's sight.

Gesichtsfarbe, *f.*, complexion.

Gesindel, *n.*, rabble, band.

Gespräch, *n.*, –e, conversation.

Gestalt, *f.*, form, figure.

Geständnis, *n.*, –(ss)e, confession.

gestatten, to permit.

gestehen, gestand, gestanden, to confess, admit; aufrichtig gestanden, to be frank.

gestern, yesterday.

gestrig, of yesterday.

gesund, healthy.

Gesundheit, *f.*, health.

gewähren, to afford.

gewaltsam, violent.

Gewand, *n.*, ¨er, garment, robe.

gewandt, clever, smart, adroit.

Gewerbe, *n.*, trade, profession.

gewinnen, gewann, gewonnen, to win, gain.

gewiß, certain, sure.

Gewissen, *n.*, conscience.

gewissenhaft, conscientious, scrupulous.

gewissermaßen, as it were.

Gewitter, *n.*, (thunder) storm.

Gewohnheit, *f.*, habit.

gewöhnlich, common, usual, average.

gewohnt, accustomed, used to.

Gier, *f.*, eagerness.

gießen, goß, gegossen, to pour.

Gift, *n.*, –e, poison.

Glanz, *m.*, splendor, display.

glänzend, brilliant.

Glas, *n.*, ¨er, glass.

Glasfenster, *n.*, glass window.

Glastafel, *f.*, glass dial.

glatt, smooth.

Glaube, *m.*, *gen.* –ns, belief.

glauben, to believe, think; manche Leute werden mir das nicht —, many people will not agree with me in that.

gleich, like, equal, same; *adv.*, immediately, exactly, just, right, at the same time; das bleibt sich —, that's all the same, makes no difference.

gleichen, glich, geglichen, to resemble, be like.

gleichfalls, likewise; the same to you!

Gleichgewicht, *n.*, balance.

gleichgültig, indifferent, unimportant.

gleichmäßig, equal.

gleichviel, all the same, no matter.

gleichzeitig, at the same time.

gleiten, glitt, geglitten, to glide.

glockenrein, clear as a bell.

Glück, *n.*, luck, happiness, pleasure.

glücklich, happy.

glücklicherweise, fortunately.

gnädig, gracious.

Gold, *n.*, gold.

Goldrand, *m.*, ⸚er, gold edge.

Gott, *m.*, ⸚er, God; (du) lieber —! good Heavens! um Gotteswillen! for Heaven's sake!

Gouvernante (guwernan'te), *f.*, governess.

Grabesstimme, *f.*, sepulchral voice.

Graf, *m.*, –en, count.

Grafenstand, *m.*, rank of count.

Gräfin, *f.*, countess, wife of a count.

grau, gray.

grauwollen, gray woolen.

graziös', graceful, charming.

greifen, griff, gegriffen, to grasp; — nach, to reach for; sich mit der Hand an das Kinn —, to put the hand to the chin.

grell, shrill.

Grenze, *f.*, boundary.

griechisch, Greek.

Grimm, *m.*, rage.

grob, rude.

gröblich, coarse, offensive.

Grog, *m.*, grog.

groß, great, large.

Größe, *f.*, size, height.

großmütig, generous; — gehandelt, acting generously.

Grübchen, *n.*, dimple.

Grübeln, *n.*, pondering.

Grund, *m.*, ⸚e, ground, reason; zu –e liegen, to underlie, be at the bottom of; zu –e richten, to ruin.

gründen, to found, set up; gegründet, well-founded.

gründlich, deep, thorough.

grundsätzlich, from principle.

Gruppe, *f.*, group.

Gruß, *m.*, ⸚e, greeting, regards, farewell.

grüßen, to greet, speak to, bow to; vornehm –d, with a formal bow.

günstig, favorable.

Gürtel, *m.*, belt.

gut, good, kind; well; very well, all right; einem — sein, to be fond of some one; — stehen, to be becoming; das Gute, the good.

Güte, *f.*, goodness, kindness.

gutmütig, good-natured.

gutwillig, of one's own accord.

H

Haar, *n.*, –e, hair.

haften, to stick, be fixed, be attached.

Haken, *m.*, hook, hold.

halb, half.

halbdunkel, half dark, dimly lighted.

Halbtraum, *m.*, ¨e, half dream, vision.

Hälfte, *f.*, half.

Hals, *m.*, ¨e, neck; — über Kopf, head over heels, headlong.

Halt, *m.*, –e, hold.

halten, hielt, gehalten, to hold, stop, contain; *intrans.*, to stop, wait; — für, to take for, mistake for, regard as; sich —, to remain; to restrain oneself.

Halt(e)platz, *m.*, ¨e, **Haltestelle**, *f.*, stopping-place, stop.

Hand, *f.*, ¨e, hand.

Händedruck, *m.*, ¨e, handshake.

handeln, to act, treat; großmütig gehandelt, acting generously.

Handschuh, *m.*, –e, glove.

hangen, hing, gehangen, to hang, be fixed upon, cling.

hängen, hing, gehangen *or weak*, to hang; sich —, to cling.

harmlos, harmless.

harmonisch, harmonious.

harren, *with gen.*, to wait for.

hart, hard, severe.

hartköpfig, **hartnäckig**, obstinate, stubborn.

hassen, to hate.

häßlich, ugly, homely.

Hast, *f.*, haste.

hastig, hasty.

häufig, frequent.

Haupt, *n.*, ¨er, head.

Hauptmann, *m.*, Hauptleute, captain.

Hauptrolle, *f.*, principal role.

Haus, *n.*, ¨er, house; zu –e, at home; nach –e, home, toward home.

Häuschen, *n.*, little house, cottage.

Hausflur, *m.*, –e, (entrance-) hall, vestibule.

Haushälterin, *f.*, housekeeper.

Hausknecht, *m.*, –e, porter.

Hausleute, *plur. only*, people of the house, servants.

häuslich, domestic; sich — niederlassen, to set up a home.

Häuslichkeit, *f.*, domestic arrangements.

Haustür, *f.*, street door.

Havanna, *f.*, Havana.

heben, hob, gehoben, to lift.

heften, to fasten, fix.

heftig, violent, angry.

heilig, holy.

Heimat, *f.*, home.

heimlich, secret, concealed.

Heirat, *f.*, marriage.

heiraten, to marry.

heiß, hot.
heißen, hieß, geheißen, to be called; wie — sie? what are their names? ich heiße, my name is; das heißt, that is; es heißt, it is said.
heiter, merry.
Heiterkeit, *f.*, cheerfulness, mirth.
helfen, half, geholfen, to help, aid, avail, do good to.
hell, bright; **-braun**, light brown.
hellkastanienbraun, light chestnut brown.
Henker, *m.*, -s, —, hangman, the deuce; hol's der —, deuce take it; zum — auch, hang it all.
her, hither, since.
herab, down.
herankommen, kam, gekommen, to come along, come up.
heranwachsen, wuchs, gewachsen, to grow up.
heranwinken, to beckon (some one) to come.
heranziehen, zog, gezogen, to draw up, attract.
herauf, up, upward.
heraufdrängen, to crowd up.
heraufkommen, kam, gekommen, to come.
heraufrufen, rief, gerufen, to summon, exorcise.
heraus, out.
herausgeben, gab, gegeben, to give change.
herausgehen, ging, gegangen, to go out; aus sich —, to get out of oneself.
herausholen, to take out, produce.
herauskommen, kam, gekommen, to come out, get out.
herausnehmen, nahm, genommen, to take out.
herausstellen, sich, to turn out.
heraustönen, to resound.
herbei, hither, near.
herbeieilen, to hasten up.
herbeirufen, rief, gerufen, to call up, summon.
Herd, *m.*, -e, hearth, home.
herein, in, hither; —! come in!
hereingehen, ging, gegangen, to go in.
hereinkommen, kam, gekommen, to come in.
hereinscheinen, schien, geschienen, to shine in.
herkommen, kam, gekommen, to come here, come from.
Herr, *m.*, -n, -en, gentleman, sir, Mr.; mein —, sir; verehrter —, my dear sir.
herrlich, splendid, glorious, magnificent.
Herrschaft, *f.*, master, mistress, employer.
herrschen, to prevail, be present.
herspringen, sprang, gesprungen, to run along.
herstammen, to be descended.
herstellen, to bring about, establish, introduce, restore.
herüber, over, across; hinüber und —, back and forth.
herüberhängen, to hang over.
herüberwerfen, warf, geworfen, to cast over.
herum, around.
herumbringen, brachte, gebracht, bring around, convince.

herumfahren, fuhr, gefahren, to travel around.

herumgehen, ging, gegangen, to go around; im Kopf —, to run in one's head.

herumlaufen, lief, gelaufen, to run, go about.

herumschlendern, to stroll about.

herumschütteln, to shake up.

herumtreiben, trieb, getrieben, sich, to rove about.

herumziehen, zog, gezogen, to go about.

herunter, down.

herunterkommen, kam, gekommen, to come down.

herunterlassen, ließ, gelassen, to let down, lower.

hervor, forth.

hervorbringen, brachte, gebracht, to produce.

hervorgehen, ging, gegangen, to proceed; — aus, to follow, be evident from.

hervorquellen, quoll, gequollen, to spring, flow forth.

hervorrufen, rief, gerufen, to provoke.

hervorziehen, zog, gezogen, to produce.

Herz, *n.*, –ens, –en, heart; von (ganzem) –en, heartily, with all one's heart; einem ans — legen, to enjoin upon one; etwas auf dem –en haben, to have something on one's mind.

Herzblut, *n.*, heart's blood.

Herzenslust, *f.*, heart's delight, content.

herzig, sweet, lovely.

herzlich, hearty, cordial, affectionate.

herzu, hither, near.

herzudrängen, to crowd near.

heute, today; — morgen, this morning; — abend, this evening; der Tag —, this day.

heutig, today's, of today; der –e Tag, this day.

Hieb, *m.*, –e, blow.

hierher, here, this way, to this point.

Hilfe, *f.*, help.

hilflos, helpless.

Himmel, *m.*, heaven, sky; beim —! by heavens!

hin, away, in that direction; vor sich —, to himself.

hinab, down.

hinabeilen, to hurry down.

hinabgehen, ging, gegangen, to go down.

hinablaufen, lief, gelaufen, to run down.

hinabschlendern, to stroll down.

hinabschreiten, schritt, geschritten, to walk down.

hinabspringen, sprang, gesprungen, to spring down.

hinabstürzen, to fall down.

hinabwerfen, warf, geworfen, to throw down.

hinan, along, up.

hinansteigen, stieg, gestiegen, to ascend.

hinauf, up.

hinaufbringen, brachte, gebracht, to bring up.

hinaufgehen, ging, gegangen, to go up, go upstairs.

hinaufspringen, sprang, gesprungen, to spring up.

hinaufsteigen, stieg, gestiegen, to mount.

hinaus, out.

hinauseilen, to rush out.

hinauslaufen, lief, gelaufen, to run out.

hinausschauen, to gaze out.

hinaussehen, sah, gesehen, to look out.

hinausstecken, to stick out.

hinauswandern, to walk out.

hinauswerfen, warf, geworfen, to throw out.

Hindernis, *n.*, –(ss)e, hindrance, obstacle.

hinein, into, in, toward.

hineinfahren, fuhr, gefahren, to pass in.

hineinfinden, fand, gefunden, to find (the way) in.

hineinführen, to take into, open into.

hineingeraten, geriet, geraten, to fall into.

hineinschieben, schob, geschoben, to push into.

hineinschlüpfen, to slip into.

hineinschreiben, schrieb, geschrieben, to write in, enter.

hineinschreiten, schritt, geschritten, to walk in.

hineinsehen, sah, gesehen, to look in.

hineinsetzen, to put into.

hineintragen, trug, getragen, to poke into.

hineintreten, trat, getreten, to step in, enter.

hineinwerfen, warf, geworfen, to throw into; sich —, to fling oneself into.

hingeben, gab, gegeben, to give away; sich —, to abandon oneself.

Hingebung, *f.*, devotion, enthusiasm.

hingehen, ging, gegangen, to go along, pass.

hinschieben, schob, geschoben, to push over to.

hinsehen, sah, gesehen, to look off.

hinsetzen, sich, to sit down.

hinten, behind; — hinaus, out at the back of the house.

hinter, behind, after.

hintereinander, one after another; rasch —, in quick succession.

hintergehen, hinterging, hintergangen, to deceive.

hinterlistig, perfidious.

hinüber, over, across; — und herüber, back and forth.

hinübereilen, to hurry over.

hinüberschaffen, to carry over.

hinüberschleichen, schlich, geschlichen, to sneak over.

hinüberschreiten, schritt, geschritten, to walk across.

hinübertreten, trat, getreten, to step over.

hinüberwerfen, warf, geworfen, to cast over.

hinunter, down.

hinuntergehen, ging, gegangen, to go down.

hinunterschreiten, schritt, geschritten, to walk down.

hinuntersteigen, stieg, gestiegen, to go down, descend.

hinunterziehen, zog, gezogen, to go down, descend.

hinwandern, to wander along.

hinwerfen, warf, geworfen, to throw down.

hinziehen, zog, gezogen, to draw, attract.

hinzufügen, to add.

hinzusetzen, to add.

hinzutreten, trat, getreten, to step up.

Hitze, *f.*, heat.

hoch, high; höchst, exceedingly.

hochmütig, haughty.

hochnasig, supercilious.

höchstens, at the most, not later than.

Hochzeit, *f.*, wedding.

Hof, *m.*, ⁻e, court; hotel; — machen, to court.

hoffen, to hope.

Hoffnung, *f.*, hope.

höflich, polite, courteous.

Höflichkeit, *f.*, courtesy, politeness.

hold, sweet, lovely.

holen, to get, fetch, procure.

hölzern, wooden.

hörbar, audible.

horchen, to listen.

hören, to hear, listen; schwer —, to be hard of hearing.

Hotelbesitzer, *m.*, hotel proprietor.

hübsch, pretty, handsome.

Huhn, *n.*, ⁻er, chicken.

Hühnerauge, *n.*, –s, –n, corn.

hüllen, to cover, disguise.

Humor', *m.*, humor.

humoristisch, humorous.

Hunger, *m.*, hunger.

husten, to cough.

Hut, *m.*, ⁻e, hat; den — ziehen, to take off the hat.

Hutschachtel, *f.*, hat-box.

I

Ideal', *n.*, –e, ideal.

Idee', *f.*, idea, notion.

Identität, *f.*, identity.

Illustration, *f.*, illustration.

immer, always, every time; *with comparative*, more and more; — noch, still continuing.

immerhin, after all.

imstande, able; *see* **Stand.**

in, in, into, upon.

inkog'nito, incognito.

indem, as, while; *clauses introduced by* indem *are often best translated by the participial construction.*

indessen, in the meantime; however.

indiskret', indiscreet.

Individuum, *n.*, Individuen, individual, person.

indolent', indolent.

Indolenz', *f.*, indolence.

inne haben, to occupy.

innen, within; von —, on the inside.

inner, inner, inside, inward, repressed.
innerst, inmost; bis in die –e Seele, to the very depths of his soul.
innig, sincere, hearty.
Inquisitionsrichter, *m.*, inquisitor.
insofern, to this extent; — . . . als, in as much as.
insultieren, to insult.
interessant', interesting; das Interessante, interest, interesting feature.
Interes'se, *n.*, –n, interest; — haben, to be of interest.
Invali'de, *m.*, –n, disabled *or* retired soldier, veteran.
Inwohner, *m.*, inmate, guest.
irden, earthen.
irgend, in any way, at all; — jemand, somebody or other; — ein, some . . . or other; — welch, any whatever.
irgendwo, somewhere.
irren, to err, wander; sich —, to be mistaken, make a mistake.
Irrenanstalt, *f.*, insane asylum.
Irrtum, *m.*, ⸗er, error.
israelitisch, Israelitish.

J

ja, *in the initial position or as mere affirmation*, yes; *in other positions* ja *expresses positive conviction or implies that the fact stated is already well known to the hearer;* indeed, of course; by all means; you know, I'm sure; why! well! jawohl, *see* wohl.
Jacke, *f.*, jacket.
Jahr, *n.*, –e, year; lange –e, many years.
Jähzorn, *m.*, sudden anger.
je, ever; — . . . desto, *with comparatives*, the . . . the.
jeder, –e, –es, each, any, either, all.
jedenfalls, in any case, at all events, anyway, certainly, by all means.
jedesmal, every time.
jedoch, however.
jemand, some one, any one; irgend —, some one or other.
jetzig, present.
jetzt, now; bis —, until now, hitherto.
Journal' (zhurnal), *n.*, –e, journal, periodical.
jubeln, to exult; –d, exultant.
jüdisch, Jewish.
Jugend, *f.*, youth.
Jugendfreund, *m.*, –e, friend of one's youth.
jugendlich, youthful; viel mehr Jugendliches, much more youth.
Jugendstreich, *m.*, –e, youthful prank.
jung, young.
Junge, *m.*, –n, boy.
Jungenstreich, *m.*, –e, boyish prank.

K

Kaffee', *m.*, coffee.
Kajüte, *f.*, cabin.

Kalbskotelet'te, *f.*, veal cutlet.
kalt, cold.
Kälte, *f.*, cold.
Kamerad', *m.*, –en, comrade.
Kammerfrau, *f.*, **Kammerjungfer**, *f.*, lady's maid.
Kapi'tel, *n.*, chapter.
Käppchen, *n.*, skull cap.
Karte, *f.*, card; map.
Kasse, *f.*, bank account, finances; mit der — in Ordnung sein, to have one's finances in good condition.
Kartof'felbau, *m.*, cultivation of potatoes.
kauen, to chew, gnaw.
Kaufmann, *m.*, Kaufleute, merchant.
kaum, hardly, scarcely.
keck, saucy.
Keckheit, *f.*, pertness.
kein; –e von ihnen, neither of them.
keinenfalls, **keineswegs**, by no means.
Kelch, *m.*, –e, chalice.
Kellner, *m.*, waiter.
kennen, kannte, gekannt, to know, be acquainted with, distinguish; — lernen, to become acquainted with.
Kennerblick, *m.*, –e, connoisseur's glance.
Kenntnisnahme, *f.*, identification.
Kennzeichen, *n.*, characteristic.
kichern, to giggle, titter.
Kind, *n.*, –er, child.
Kinderbild, *n.*, –er, child's picture.
Kindergruppe, *f.*, children's group.
Kinderjahre, *plur.*, childhood.
Kinderstreich, *m.*, –e, childish prank.
Kinn, *n.*, –e, chin.
Kirche, *f.*, church.
Kirchenraub, *m.*, robbing of a church.
Klage, *f.*, complaint.
Klang, *m.*, ¨e, sound, ring.
klangvoll, resonant.
klar, clear; mit sich im Klaren sein, to make up one's mind.
Klasse, *f.*, class.
Kleid, *n.*, –er, dress, clothes.
kleider, to dress, clothe; ging gekleidet, was dressed.
Kleiderteil, *m.*, –e, part of a costume.
Kleidung, *f.*, clothing.
klein, small, little.
klettern, to clamber.
Klingel, *f.*, bell.
Klingelzug, *m.*, ¨e, bell-handle.
klingen, klang, geklungen, to sound, ring, chime, be melodious.
klopfen, to knock; es klopfte stark, there was a loud knock.
Kloster, *n.*, ¨, convent.
klug, clever, knowing.
knapp, tight, scanty; es geht ihm —, he is in straitened circumstances.
Knie, *n.*, —s, *pl.* Kni'e, knee.
Knospe, *f.*, bud.
Kober, *m.*, hamper.
Koffer, *m.*, trunk.
Kofferträger, *m.*, porter.
kokett, coquettish.

kokettieren, to coquette, flirt.
kölnisch, of Cologne.
komisch, comic; das Komische, comicalness.
Kommandantur', *f.*, commandant's office.
kommen, kam, gekommen, to come, go, get.
Kondukteur' (tö), *m.*, –e, guard.
konfus', confused, muddled.
können, konnte, gekonnt, can, may; to know; was kann ich für . . .? how can I help . . .?
konservieren, to preserve.
Kopf, *m.*, ⸗e, head; Hals über —, heels over head, headlong.
kopfschüttelnd, with a shake of the head.
Korb, *m.*, ⸗e, basket.
körperlich, physical.
korrekt, correct.
kostbar, costly, precious, splendid, valuable; delicious.
Kotelet'te, *f.*, cutlet.
Kotelettenknochen, *m.*, cutlet bone.
Kraft, *f.*, ⸗e, power, strength, exertion; was in seinen Kräften stehe, what lay in his power.
Krämer, *m.*, shopkeeper.
krank, sick; der, die Kranke, patient.
kränken, to hurt, insult.
Kräuselwelle, *f.*, curling wave.
Krawatte, *f.*, cravat, necktie.
Kredit'brief, *m.*, –e, letter of credit.
Kreis, *m.*, –e, circle.
Krone, *f.*, crown; die — aufsetzen, to crown.
Kugel, *f.*, ball, bullet; sich eine — vor den Kopf schießen, to blow out one's brains.
Kujon', *m.*, –e, scoundrel, criminal.
Kummer, *m.*, sorrow.
kümmern, to concern; sich — um, to care about, mind, pay attention to.
künftig, future.
Kunsthandlung, *f.*, picture shop, art store.
Künstler, *m.*, artist.
Kupferstich, *m.*, –e, engraving.
kurios', curious.
Kursaal, *m.*, Kursäle, assembly rooms.
kursieren, to circulate.
kurz, curt, short, brief; in short.
Kuß, *m.*, ⸗e, kiss.
Kutscher, *m.*, coachman, driver.

L

lächeln, to smile, say with a smile.
Lächeln, *n.*, smile.
lachen, to laugh.
Lachen, *n.*, laugh.
lächerlich, laughable, ridiculous.
Lage, *f.*, situation, position, condition.
Lampe, *f.*, lamp.
Land, *n.*, ⸗er, land.
Landleute, *plur.*, country people.
landesüblich, according to the customs of the country; –e Münzsorte, current coin of the realm.
Landschaft, *f.*, landscape.

Landschaftsbild, *n.*, –er, (picture of) landscape.

Landwein, *m.*, –e, home-made wine.

lang, long, many.

längst, long since.

langatmig, long-breathed, long-drawn.

lange, *adv.*, long, a long time.

Länge, *f.*, length; auf die — der Zeit, in course of time.

langgezogen, prolonged.

langsam, slow.

langweilig, tedious, tiresome.

lassen, ließ, gelassen, to let, allow, permit, make, have; sich geben —, to order, take; aus den Augen —, to lose sight of.

lästig, burdensome, annoying.

laufen, lief, gelaufen, to run.

Laune, *f.*, humor, good humor; in bester —, in the best of humors.

lauschen, to listen.

laut, loud, audible; lautest, very loud.

Laut, *m.*, –e, sound.

läuten, to ring; es läutete, a bell rang.

lauten, to sound, purport, run.

lauter, mere, none but, nothing but.

leben, to live; — Sie wohl, farewell.

Leben, *n.*, life; im —, in one's life.

leben'dig, living, lively.

Lebensanschauung, *f.*, view of life.

Lebensart, *f.*, manners.

lebhaft, lively, animated, vigorous, eager; auf das –este, most profusely.

Leder, *n.*, leather.

leer, empty, deserted.

legen, to lay, put; sich —, to go down.

Legitimation, *f.*, legitimation, proof of identity.

legitimieren, sich, to prove one's identity.

Lehnstuhl, *m.*, ⸚e, arm-chair.

leicht, light, easy, graceful, slight.

leichtfertig, frivolous, mischievous.

leichtsinnig, heedless, thoughtless.

Leid, *n.*, sorrow, pain; es tut mir —, I am sorry; das arme Wesen tat ihm —, he was sorry for the poor thing.

leiden, litt, gelitten, to suffer, endure; es litt ihn nicht lange, he could not stand it long; –d, in poor health, ailing.

Leiden, *n.*, affliction, trouble.

leider, unfortunately; — Gottes! alas!

leise, soft, light; *adv.*, gently, quietly, in a low tone.

leisten, to render.

leiten, to lead, guide.

Leitung, *f.*, management.

Lektüre, *f.*, reading.

lernen, to learn; kennen —, to become acquainted with.

lesen, las, gelesen, to read.

Lesezimmer, *n.*, reading room.

letzt, last.
letzter(e), the latter.
leuchten, to shine, glisten.
leugnen, to deny; das ließ sich nicht —, that could not be denied.
Leute, *plur. only*, people, persons; fremde —, strangers.
Licht, *n.*, -er, light, candle.
lieb, dear, sweet; — haben, to like; es wäre mir —, I should like; -er, rather; -er haben, to prefer; ich fahre -er rückwärts, I prefer to ride backwards; am -sten, best of all, preferably; sie wären am -sten hinausgelaufen, they would have preferred to run out.
Liebe, *f.*, love.
lieben, to love.
liebenswürdig, lovely, charming, kind.
Liebenswürdigkeit, *f.*, loveliness, charm.
Liebeswerk, *n.*, labor of love.
liebgewinnen, gewann, gewonnen, to take a liking to.
lieblich, lovely.
liefern, to afford, give.
liegen, lag, gelegen, to lie; — bleiben, to lie over; seinem Vater lag besonders daran, his father was particularly anxious; was lag daran? what difference did it make? gelegen, convenient, opportune; gelegen kommen, to be very welcome.
Linie (lihn'je), *f.*, line; *also* line, the twelfth part of an inch.
link, left; die -e, the left hand; -s, to the left.
Lippe, *f.*, lip; über die -n bringen, to utter.
Livree', *f.*, livery.
Locke, *f.*, lock, curl.
Löffel, *m.*, spoon.
logieren (g = zh), to lodge.
Logis (lozhih'), *n.*, lodging.
lohnen, to pay, recompense; sich —, to repay, be worth the trouble.
Lokomoti've, *f.*, locomotive.
Loreleifelsen, *m.*, Lorelei rock.
Lorgnette (lornjet'te), *f.*, lorgnette
los, loose, free, rid; — werden, *with acc.*, to get rid of.
Los, *n.*, -e, lot.
lösen, to buy.
losreißen, riß, gerissen, to tear loose, tear away.
Luft, *f.*, ⸚e, air, atmosphere.
lüften, to lift, raise.
Lüge, *f.*, lie; auf eine — hin, upon a lie.
Lust, *f.*, ⸚e, pleasure, desire; nicht übel — haben, to be rather inclined.

M

machen, to make, do, cause, set about; was läßt sich da —? what can be done in the matter? sich auf den Weg —, to set out.
mächtig, mighty; *with gen.*, master of.
Mädchen, *n.*, girl.

Mainzer, of Mainz.
majestä'tisch, majestic.
Major', *m.*, –e, major.
Mal, *n.*, –e, time; zum ersten —, for the first time; ein paar—, a few times.
malen, to paint.
Maler, *m.*, painter, artist.
Malergerätschaft, *f.*, artist's equipment.
maliziös', malicious.
manchmal, frequently.
Mangel, *m.*, ¨, want.
Manie', *f.*, mania.
Mann, *m.*, ¨er, man.
Mannbarkeit, *f.*, manhood.
männlich, masculine, mannish.
Mappe, *f.*, portfolio, sketch-book.
märchenhaft, fabulous, legendary.
Markt, *m.*, ¨e, market.
Maschine, *f.*, engine.
Masse, *f.*, mass, multitude.
mäßig, moderate.
mehr, more; *with a negative, often* further, longer; immer —, more and more.
mehrere, several.
mein; Mein und Dein, mine and thine, *meum et tuum.*
meinen, to mean, think; wie—Sie das? what do you mean by that?
meinetwegen, on my account; so far as I am concerned, for all I care.
meist, most.
Meister, *m.*, master, employer.
melden, to announce, report, give news.
Menge, *f.*, quantity, lot, number, crowd.
Mensch, *m.*, –en, man, human being, person, fellow; fremder —, stranger.
Menschenalter, *n.*, age.
Menschengeschlecht, *n.*, human race.
Menschenkind, *n.*, –er, human being.
Menschenschwarm, *m.*, ¨e, throng.
merken, to notice, note; sich (*dat.*), etwas —, to bear in mind, remember.
merklich, noticeable.
merkwürdig, remarkable.
Messing, *n.*, brass; mit — beschlagen, brass bound.
Miene, *f.*, mien, expression, air.
militärisch, in military fashion.
mindest, least.
Miniatur'spiegel, *m.*, miniature mirror.
Minu'te, *f.*, minute.
minutenlang, lasting a minute, a minute's.
mißbrauchen, to misuse.
Mißgriff, *m.*, –e, blunder.
Mißhandlung, *f.*, ill treatment.
mißmutig, sullen.
mißtrauisch, distrustful, suspicious.
Mißverständnis, *n.*, –(ss)e, misunderstanding.
mit, with, by, to, about, besides; *adv.*, along, also, likewise.
mitbringen, brachte, gebracht, to bring along.

mitführen, to carry along, have along.

mitgeben, gab, gegeben, to give (one something to take with him).

Mitleid, *n.*, compassion, sympathy.

mitnehmen, nahm, genommen, to take along.

mitsammen, together.

Mittag, *m.*, –e, midday, noon; –s, at noon.

Mitte, *f.*, middle.

mitteilen, to communicate to, inform of.

Mitteilung, *f.*, communication, announcement; eine — machen, to give information.

Mittel, *n.*, means.

mitten, in the middle; — in, in the middle of; — unter, in the midst of.

Möbel, *n.*, article of furniture; *the collective sense is expressed only by the plur.*

mögen, mochte, gemocht, may, can, etc.; to like, want.

möglich, possible.

möglicherweise, possibly.

Möglichkeit, *f.*, possibility.

Moment′, *m.*, –e, moment.

Mo′nat, *m.*, –e, month.

moosbewachsen, moss-grown.

Morgen, *m.*, morning; heute —, this morning.

morgen, tomorrow, the next day; — früh, tomorrow morning.

morgenfrisch, fresh as the morning.

Morgentoilette (toalet′te), *f.*, morning gown, negligée.

Morgenzug, *m.*, ¨e, morning train.

Moselbrücke, *f.*, Moselle bridge.

Moselufer, *n.*, bank of the Moselle.

müde, tired.

Mühe, *f.*, trouble, difficulty, pains; sich — geben, to take pains, make an effort; der — wert, worth while.

Mund, *m.*, –e, mouth.

Münzsorte, *f.*, species of coin.

murmeln, to murmur, mutter.

Musik′, *f.*, music.

Muß, *n.*, a must, absolute necessity.

Muße, *f.*, leisure, time.

müssen, mußte, gemußt, must; to be obliged, be necessary.

müßig, idle.

Mutter, *f.*, ¨, mother.

mütterlich, motherly, like a mother.

mutterseelenallein, entirely alone.

N

na! why, well!

nach, to, toward, after, according to, about, for; *following its noun*, according to, by, in.

Nachbar, *m.*, –s, –n, neighbor.

Nachbarschaft, *f.*, neighborhood, vicinity.

nachdenken, dachte, gedacht, to meditate, reflect, muse.

Nachdenken, *n.*, reflection, pondering, brooding.

nachdenklich, meditative, thoughtful.
nacheilen, to hasten after.
nachfolgen, to follow after; –d, following, next.
nachgeben, gab, gegeben, to give in.
nachgehen, ging, gegangen, to follow, attend to.
Nachgrübeln, *n.*, musing.
nachhängen, hing, gehangen, to devote oneself to; seinen Gedanken –d, lost in thought.
nachher′, afterwards, later.
nachkommen, kam, gekommen, to come after, come along, follow.
Nachkommenschaft, *f.*, posterity.
nachlassen, ließ, gelassen, to let up, yield, subside.
nachlässig, careless.
Nachmittag, *m.*, –e, afternoon; –s, in the afternoon.
Nachricht, *f.*, news.
nachschieben, schob, geschoben, to shove in after.
nachsehen, sah, gesehen, to see to, look after, look over.
nächst, next, nearest, following.
nachstehen, stand, gestanden, to follow; –d, below.
nachsuchen, to seek, beg.
Nacht, *f.*, ¨e, night; diese —, last night; –s, at night.
Nachtwächter, *m.*, nightwatchman.
nah, near, close; näher, more definite, detailed; etwas Näheres, some particulars; das Nähere, the particulars.
Nähe, *f.*, nearness, vicinity, neighborhood; in der —, close by.
nähern, sich, to approach.
Name, *m.*, –ns, –n, name; dem –n nach, by name; –ns, by the name of; e i n e n –n tragen, to have the same name.
Namensvetter, *m.*, –s, –n, namesake.
nämlich, same; *adv.*, namely, to wit, that is to say.
Nase, *f.*, nose.
Natur′, *f.*, nature, temperament.
natür′lich, natural; *adv.*, naturally, of course.
natürlicherweise, of course.
Nebel, *m.*, fog.
neben, beside.
nebenan′, next door.
nebenbei, besides, moreover.
nebst, together with.
nehmen, nahm, genommen, to take.
neigen, to lean, incline, be disposed.
nennen, nannte, genannt, to name, speak, utter, call.
Nest, *n.*, –er, nest, hole.
nett, neat.
Netz, *n.*, –e, net.
neu, new, recent.
Neugier, *f.*, **Neugierde**, *f.*, curiosity.
neugierig, curious; — auf, curious about.
neulich, lately, recently.
Nichtrauchcoupé, *m.* or *n.*, –s, non-smoking compartment.
nichts, nothing, not at all.

Nichts, *n.*, nothingness, insignificance.
nichtsnutzig, worthless.
nichtswürdig, vile, contemptible.
nicken, to nod.
nie, never.
nieder, low; *adv.*, low, down.
niederlassen, ließ, gelassen, to let down; sich —, to sit down.
niederschlagen, schlug, geschlagen, to come down, fall.
niedersetzen, sich, to sit down.
niedlich, neat, pretty.
niemand, no one; — weiter, no one else.
noch, *adv. of time*, still, yet, as yet; — nicht, not yet, never (yet), never before; *with other advs. of time*, but, only; gestern abend —, just last night; — heute abend, this very evening. *Also very common as particle expressing addition*, besides, further, in addition; auch —, moreover, in addition (*but the two words should in some instances be translated separately*) also . . . besides; *with comparatives*, still, yet, even; *with numerals and indefinite pronouns*, more; — einmal, once more; — etwas, something else.
noch, *conj.*, nor.
nochmals, once more.
nominell', nominal.
Normal'stärke, *f.*, normal size.
Not, *f.*, ⸚e, need, distress.
nötig, necessary; das –e besorgen, to attend to whatever is necessary.
Notiz', *f.*, notice.
notwendig, necessary.
Nu, *m.*, moment; im —, in an instant.
Nuance (nüang'ße), *f.*, shade of color.
nüchtern, calm.
Nummer, *f.*, number.
nun, now; so, then; well.
nur, only, even, ever; *with imperative*, now, just, pray.
Nürnberg, Nuremberg.
Nutzen, *m.*, advantage.
nutzlos, useless.

O

ob, if, whether; als —, as if.
oben, above, up-stairs; nach —, upward, to the top; von — bis unten, from top to bottom, head to foot.
ober(e), upper, top, chief.
Oberhand, *f.*, upper hand.
Oberkellner, *m.*, head waiter.
oberst, uppermost, topmost.
obgleich, although.
Obstbaum, *m.*, ⸚e, fruit tree.
öde, desolate, bleak.
offen, open, frank.
öffentlich, open, public, in public.
Offizier', *m.*, –e, officer.
öffnen, to open; sich —, to open (*intrans.*).
oft, often.
öfter, oftener; often, frequently.

ohne, without.
ohnehin, besides, anyway.
Ohr, *n.*, –es, –en, ear.
Ohrfeige, *f.*, box on the ear, slap.
Omnibus, *m.*, — *or* –(ss)e, omnibus.
Operation, *f.*, operation.
Operngucker, *m.*, opera glass.
Opfer, *n.*, victim.
or′dentlich, orderly, actual, regular; *adv.*, quite, fairly, downright, thoroughly.
ordnen, to order, arrange.
Ordnung, *f.*, order; in —, in shape, all right; nicht in —, out of order; in — bringen, to put in order, arrange, tidy.
Ordre, *f.*, order.
Ort, *m.*, –e *or* ⸚er, place; an — und Stelle, on the spot.
oval′, oval.

P

Paar, *n.*, –e, pair; ein paar, a few, several.
paaren, to join, couple.
paarmal; ein —, several times.
packen, to pack.
Paletot (paletoh′), *m.*, –s, greatcoat.
Pantof′fel, *m.*, slipper.
Papier′, *n.*, –e, paper.
Paradies′, *n.*, –e, paradise.
Pärchen, *n.*, (loving) couple.
parieren, to parry.
Partie′, *f.*, party; bunch, lot.
Passagier′ (g = zh), *m.*, –e, passenger.
passen, auf, to fit; –d, fitting, suitable.
passieren, to happen.
Paßkarte, *f.*, passport.
Pause, *f.*, pause.
peinlich, painful.
Pension (pangsion′ *or* pension′), *f.*, pension.
pensionieren (pang- *or* pen-), to pension.
perlengleich, pearly.
Perlenzahn, *m.*, ⸚e, pearly tooth.
Perron′ (-ong), *m.*, –s, platform (of a railway station).
Person′, *f.*, person; *plur.*, people.
Personal′beschreibung, *f.*, description.
persön′lich, personal.
Persönlichkeit, *f.*, person, personality.
Pfad, *m.*, –e, path.
Pfeife, *f.*, pipe.
pfeifen, pfiff, gepfiffen, to whistle.
Pferd, *n.*, –e, horse.
Pfiff, *m.*, –e, whistle.
Pflanzenkundiger, *adj. inflection*, plant expert, botanist.
pflegen, to tend.
Phlegma, *n.*, phlegm, easy-going disposition.
phlegmatisch, phlegmatic.
Photographie, *f.*, photograph.
plagen, to torment.
Plaid (pläd), *n.*, –s, plaid.
Plan, *m.*, –e *or* ⸚e, plan.
platt, flat.
Platz, *m.*, ⸚e, place, room, seat; — machen, to make way; — nehmen, to take a seat.

plaudern, to chat.
plötzlich, sudden.
Pole, *m.*, Pole.
Polin, *f.*, Polish woman.
Politik', *f.*, politics.
Polizei', *f.*, police, police station.
Polizeiamt, *n.*, "er, police station.
Polizeibeamte, *m.*, *adj. inflection*, police official.
Polizeidiener, *m.*, policeman.
Polizeidirek'tor, *m.*, –s, –'en, chief of police.
polizeilich, from *or* by the police.
polnisch, Polish.
Portal', *n.*, –e, portal, (main) entrance.
Portier (portieh'), *m.*, –s, –s, porter.
Portion, *f.*, portion.
Porträt'maler, *m.*, portrait painter.
Posto, *m.*, post; — fassen, to post oneself, take a position.
Pracht, *f.*, splendor, glory.
prächtig, splendid.
prachtvoll, splendid.
praktisch, practical, convenient.
Preis, *m.*, –e, price.
prellen, to overcharge, cheat.
Privat-Irrenanstalt, *f.*, private insane asylum.
Profes'sor, *m.*, –s, –'en, professor.
projektiert, projected.
Prozedur', *f.*, proceeding.
prügeln, to beat, whip, thrash.
Pult, *n.*, –e, desk.
Punkt, *m.*, –e, point.
pünktlich, punctual.
purpurrot, deep red.
putzen, to attire, deck out.

Q

Quadrat', *n.*, –e, square; vierzig Schritte im —, forty paces square.
Qualität, *f.*, quality.
Quartier', *n.*, –e, quarters.
quellen, quoll, gequollen, to gush.
quittieren, to receipt.

R

Rachen, *m.*, jaws.
Rahmen, *m.*, frame.
Rang, *m.*, "e, rank, class.
rasch, fast, swift, quick; *adv.*, fast, quickly; machen Sie —! be quick!
rasieren, to shave.
Rasiermesser, *n.*, razor.
rasseln, to rattle.
raten, riet, geraten, to guess, advise.
Rathausuhr, *f.*, city hall clock, town clock.
Räuberbande, *f.*, band of robbers.
Rauch, *m.*, smoke.
rauchen, to smoke.
Raum, *m.*, "e, room, space.
Rebengelände, *n.*, vineyards.
rechnen, to reckon, count.
Rechnung, *f.*, account, bill.
Recht, *n.*, –e, right, justice; recht haben, to be right; mit —, rightly, justly.
recht, right; *adv.*, very, quite, right, fairly.
rechts, at *or* to the right.
Rede, *f.*, talk; vom Ahnungsver-

mögen kann nicht die — sein, a faculty of divination is out of the question.
reden, to talk, speak, say.
redressieren, to redress, rectify; es läßt sich —, it can be rectified.
Regal', *n.*, –e, book-case.
rege, stirring; — machen, to arouse.
regen, to move; sich —, to move, stir.
Regen, *m.*, rain.
Regenschirm, *m.*, –e, umbrella.
Regiment', *n.*, –er, regiment; bei einem — stehen, to belong to a regiment.
Registra'tor, *m.*, –s, –'en, registrar, clerk.
Regulierung, *f.*, regulation.
reich, rich.
reichen, to reach, extend, hand.
reichlich, rich, abundant.
Reihe, *f.*, row; er war an der —, it was his turn.
rein, pure, clear; *adv.*, simply, absolutely; mit sich im reinen sein, to make up one's mind, have a clear idea.
Reise, *f.*, journey, travel; auf –n gehen, to go traveling.
Reiseanzug, *m.*, ⁼e, traveling costume.
Reisebedarf, *m.*, traveling necessaries, conveniences.
reisefertig, ready for traveling.
Reisegefährte, *m.*, fellow-traveler.
Reisegesellschaft, *f.*, traveling companions.
reisen, to travel.
Reisen, *n.*, traveling.
Reisende, *adj. inflection*, traveler.
Reiseplan, *m.*, –e, plan for a trip, route.
Reisesack, *m.*, ⁼e, traveling bag, valise.
reißen, riß, gerissen, to tear, jerk, snatch.
Reiz, *m.*, –e, charm.
reizend, charming.
Reparatur', *f.*, repair.
Resignation, *f.*, resignation.
resigniert, resigned.
Respekt, *m.*, respect.
Restaurateur (restoratör'), *m.*, restaurant keeper.
Restauration (au = o), *f.*, restaurant.
Resultat', *n.*, –e, result, conclusion.
Rheinbrücke, *f.*, Rhine bridge.
Rheinfahrt, *f.*, Rhine trip.
Rheinlachs, *m.*, –e, Rhine salmon.
Rheintal, *n.*, valley of the Rhine.
richten, to direct, address, arrange; zu Grunde —, to ruin.
richtig, right, correct, own; *adv.*, duly, all right.
Richtung, *f.*, direction, way.
Riegel, *m.*, bolt.
riesig, gigantic.
Rinne, *f.*, rill, streak.
roh, rude, barbarous.
Rolle, *f.*, role.
rollen, to roll.
romantisch, romantic.
Rose, *f.*, rose.
rot, red.

rotseiden, red silk.
Ruck, *m.*, –e, jerk; einen — tun, to give a jerk.
Rücken, *m.*, back.
Rückfahrt, *f.*, return trip.
Rückseite, *f.*, back.
Rücksprache, *f.*, conference, consulation; — nehmen, to confer.
rückwärts, backwards.
Rückzug, *m.*, ⸚e, retreat.
Ruf, *m.*, –e, call, cry.
rufen, rief, gerufen, to call, cry; — nach, to call for.
Ruhe, *f.*, rest, quiet, calmness; in aller —, at leisure, privately.
ruhig, quiet, calm.
rühren, to move, touch.
Ruß, *m.*, soot.
Russe, *m.*, –n, Russian.
russisch, Russian.
rütteln, to shake, jog; sich —, to be jogged.

S

Saal, *m.*, Säle, hall.
Sache, *f.*, thing; case, affair; respect.
sagen, to say, tell; — wollen, to mean.
Saison (ßäsoŋ'), *f.*, –s, season.
Salon (ßaloŋ'), *m.*, –s, drawing-room.
sämtlich, all, whole.
Sand, *m.*, sand.
sanft, soft, gentle.
satt, satisfied, full; — haben, *with acc.*, to have enough of, be tired of.
Satz, *m.*, ⸚e, stake.
sauber, clean, neat.
säumen, to delay.
säumig, **saumselig**, tardy.
Scene (Sc = ſz *or* z), *f.*, scene.
Scenerie, *f.*, scenery.
Schachtel, *f.*, box.
schade, a pity, too bad.
Schaden, *m.*, ⸚, damage; es soll Ihr — nicht sein, you shall not lose by it.
schaffen, to do; to carry, put, arrange.
Schaffner, *m.*, guard.
Schafskopf, *m.*, ⸚e, mutton-head.
Scham, *f.*, shame.
schämen, sich, *with gen.*, to be ashamed of.
schändlich, shameful, awful.
scharf, sharp, close.
Schärfe, *f.*, sharpness, severity.
Schärpe, *f.*, scarf, sash.
schauerlich, awful.
Scheibe, *f.*, pane.
scheiden, schied, geschieden, to part, separate.
Schein, *m.*, –e, light.
scheinbar, apparent.
scheinen, schien, geschienen, to shine; to appear.
schenken, to present, bestow upon.
Scherz, *m.*, –e, jest, joke.
scheu, shy, timid.
Scheu, *f.*, shyness.
scheuern, to scour.
schicken, to send.
schicklich, proper, fit, becoming.
Schicksal, *n.*, –e, fate.

schieben, schob, geschoben, to shove, push, move.
Schieber, *m.*, slide.
schief, crooked.
Schieferdach, *n.*, ¨er, slate roof.
schielen, to squint.
schießen, schoß, geschossen, to shoot.
Schild, *n.*, –er, sign.
schildern, to describe.
Schirm, *m.*, –e, umbrella.
Schlaf, *m.*, sleep.
Schläfe, *f.*, ¨e, temple.
schlafen, schlief, geschlafen, to sleep.
Schlafrock, *m.*, ¨e, dressing gown.
Schlag, *m.*, ¨e, blow, stroke; carriage door; mit einem —, at one blow, all at once.
schlagen, schlug, geschlagen, to strike, cast; *intrans.*, to fall.
schlank, slender.
schlecht, bad, poor.
Schlechtigkeit, *f.*, wickedness, misdeed.
schleichen, schlich, geschlichen, to sneak.
schleifen, to glide.
schlendern, to stroll.
schließen, schloß, geschlossen, to close, lock; to conclude.
Schließer, *m.*, doorkeeper.
schlimm, bad.
Schloß, *n.*, ¨er, lock; ins — drücken, to shut tight, latch.
Schlummer, *m.*, slumber, doze.
Schluß, *m.*, ¨e, conclusion.
Schlüssel, *m.*, key.
Schlußfolgerung, *f.*, conclusion, consequence.
schmachtend, languishing, sentimental.
schmählich, outrageous.
schmecken, to taste.
Schmeichelei, *f.*, flattery.
schmeicheln, *with dat.*, to flatter.
Schmerz, *m.*, –es, –en, pain, sorrow.
schmerzlich, painful, grievous.
Schmuck, *m.*, jewelry.
schmücken, to adorn.
schmutzig, dirty.
schnappen, to snap.
schnarren, to rasp, grate.
schneeweiß, snow-white.
schneiden, schnitt, geschnitten, to cut; geschnitten, cut, chiseled.
Schneider, *m.*, tailor.
Schneidergesell(e), *m.*, –en, journeyman tailor.
schnell, quick.
schnöde, wretched.
Schnurrbart, *m.*, ¨e, mustache.
schon, *adverbial particle expressing assurance*, very well, surely, of course. *More frequently adv. of time*, already, just, even; — einmal, some time, ever; — bei dem ersten Namen, at the very first name; — in demselben Moment, in the very same moment; — die Andeutung, the very suggestion.
schön, beautiful, fine, pretty; *adv.*, very well, all right.
Schönheit, *f.*, beauty.
Schöpfer, *m.*, Creator.
Schoppen, *m.*, half-litre, half bottle (of wine).
Schoß, *m.*, ¨e, lap.
schräg, oblique, slanting; — gegenüber, nearly opposite.

Schrecken, *m.*, terror, astonishment.
schreiben, schrieb, geschrieben, to write; sich —, to inscribe oneself.
Schreibmaterial', *n.*, -ien, writing material.
Schreibtisch, *m.*, -e, writing-table, desk.
schreien, schrie, geschrieen, to call, cry, shriek.
schreiten, schritt, geschritten, to stride, stroll, pace, walk.
schriftlich, in writing.
schrill, shrill.
Schritt, *m.*, -e, step, pace.
schroff, harsh.
schüchtern, timid, modest; **Schüchternes**, modesty.
Schuld, *f.*, debt, blame; **ich bin in** Ihrer —, I am indebted to you; die — tragen, to bear the blame.
schuldig, indebted; — sein, to owe.
Schulkamerad', *m.*, -en, schoolmate.
Schulstaub, *m.*, school dust.
Schulter, *f.*, shoulder.
schütteln, to shake.
Schutz, *m.*, protection.
schwach, weak.
Schwäche, *f.*, weakness.
Schwägerin, *f.*, sister-in-law.
schwankend, vacillating.
Schwarm, *m.*, ⁻̈e, swarm, crowd.
schwärmerisch, fanciful.
schwarz, black.
Schwarzbrot, *n.*, (loaf of) rye bread.
schweifen, to roam.
schweigen, schwieg, geschwiegen, to be silent, stop (talking, reading); -d, silent.
Schweiß, *m.*, sweat, perspiration.
schwellen, schwoll, geschwollen, to swell.
schwer, heavy, oppressing; hard, difficult.
schwerlich, hardly.
Schwester, *f.*, sister.
Schwierigkeit, *f.*, difficulty, objection.
Schwindler, *m.*, swindler.
schwirren, to buzz, whir.
schwören, schwur *or* schwor, geschworen, to swear.
Schwüle, *f.*, sultriness, closeness.
Seele, *f.*, soul; person, individual; auf die — binden, to enjoin.
Segenswunsch, *m.*, ⁻̈e, blessing.
sehen, sah, gesehen, to see, look; ähnlich —, to look like.
sehr, very.
seiden, silk.
seit, *prep.*, since, for; *conj.*, since.
Seite, *f.*, side, direction; page; bei —, aside; zur —, to one side.
Seitentasche, *f.*, side pocket.
Sekunde, *f.*, second.
Sekundenzeiger, *m.*, second hand.
selber, **selbst**, self, etc.; von selbst, of one's own accord, spontaneously.
selbst, *adv.*, even.
selbständig, independent.
selig, blissful.

Seligkeit, *f.*, bliss.
selten, seldom, rare; nicht —, quite frequently.
senden, sandte, gesandt, to send.
Serviette (ßerwiet′te), *f.*, napkin.
setzen, to set, put; — auf, to offer for; sich —, to seat oneself, sit down.
seufzen, to sigh.
sich; vor — hin, to oneself.
sicher, sure, certain; —! certainly, to be sure!
Sicherheit, *f.*, safety; sich in — bringen, to get under cover.
Sicherheitsbehörde, *f.*, police, authority.
sicherlich, certainly, surely.
sichern, to assure; gesichert, secure.
Sicht, *f.*, sight.
sichtbar, visible.
Signalement′ (–mang), *n.*, –s, description.
signalisieren, to signal; to describe.
Silbe, *f.*, syllable.
Silberdiebstahl, *m.*, theft of silver.
silberklingend, silvery.
silbern, silver.
sinken, sank, gesunken, to sink, fall.
Sire′ne, *f.*, siren.
Sitte, *f.*, custom.
Situation, *f.*, situation.
Sitz, *m.*, –e, seat.
sitzen, saß, gesessen, to sit, stay; — bleiben, to remain sitting, stop.
Skizzenbuch, *n.*, ¨er, sketch-book.
so, *adv.*, so, such; then (*inference or consequence, not time*), *but in this sense often to be omitted in translating;* — ein *or* ein —, such a; so! there! so? really? so . . . wie, as . . . as. *Also conj., introducing comparisons*, so . . . as; — viel ich weiß, so far as I know; *and concessions*, as; — vollkommen harmlos er sonst ist, perfectly harmless as he is in other respects; — herzlich ihn der Major . . . aufgenommen hatte, cordially as the major had received him.
sogar, even, indeed.
Sohn, *m.*, ¨e, son.
solch, such; those.
Soldat′, *m.*, –en, soldier.
sollen, shall, should; ought, must; to be said to, be supposed to, be (going) to.
sonderbar, strange.
sondern, *after negative only*, but.
Sonne, *f.*, sun, sunlight.
Sonnenuntergang, *m.*, ¨e, sunset.
sonst, else, otherwise, in other respects; anyway, in addition, besides; elsewhere; usually; — ein, some other.
Sorge, *f.*, care, anxiety, trouble; sich — machen, to worry.
sorgen, to care, look after; sich —, to worry.
sorgenfrei, care-free.
Sorgfalt, *f.*, care, diligence.
sorgfältig, careful, neat.
Souper (ßupeh′), *n.*, –s, supper.
soviel, so much, as much.
soweit, so far, as far (as).

Spannung, *f.*, suspense.
Spaß, *m.*, ⸗e, jest, fun; — machen, to amuse; außer dem —, past a joke.
spät, late; -er, later on, afterwards.
späterhin, hereafter.
spätestens, at the latest.
spazieren gehen, to take a walk, [stroll.
Spaziergang, *m.*, ⸗e, walk.
speisen, to eat.
Speisesaal, *m.*, -säle, dining-room.
Spiegel, *m.*, mirror.
Spiel, *n.*, -e, play; zum — zwingen, to force to play.
Spielbank, *f.*, (gambling-) bank.
spielen, to play, gamble.
Spielhölle, *f.*, gambling-hell.
Spielsaal, *m.*, -säle, **Spielsalon**, *m.*, -s, gambling hall.
Spieltisch, *m.*, -e, gambling table.
Spitzbube, *m.*, -n, thief, criminal.
Spott, *m.*, -e, mockery, ridicule; — treiben mit, to make sport of.
spöttisch, sarcastic.
Sprache, *f.*, speech, language; es mußte zur — gebracht werden, it had to come out.
sprachlos, speechless.
sprechen, sprach, gesprochen, to speak, speak to.
springen, sprang, gesprungen, to spring, jump.
spritzend, spluttering.
sprudeln, to gush.
Spur, *f.*, trace.
spurlos, without a trace.
Staatsanwalt, *m.*, -e, state's attorney, public prosecutor.
Stadt, *f.*, ⸗e, city.
stammeln, to stammer.
stammen, to come from, be descended.
Stand, *m.*, ⸗e. position, situation; rank; im -e sein, to be able; sah sich kaum im -e, found himself scarcely able.
stark, strong, vigorous; stout. heavy, full; hard, loud.
starr, stiff, motionless, stubborn, staring.
starren, to stare.
Station, *f.*, station.
statt, instead of.
statten; von — gehen, to go on, [take place.
stattfinden, to take place.
stattlich, stately.
Statur', *f.*, stature, size, figure.
Staub, *m.*, dust.
Staunen, *n.*, astonishment.
Steckbrief, *m.*, -e, warrant.
stecken (*usually weak, but past tense also* stak), to stick, lurk, be at the bottom of; *trans.*, to put, stick.
stehen, stand, gestanden, to stand; — bleiben, to stop; in seinen Kräften —, to lie in his power; den Bart — lassen, to let the beard grow; bei einem Regiment —, to belong to a regiment.
stehlen, stahl, gestohlen, to steal.
steigen, stieg, gestiegen, to rise, mount, climb; voll —, to rush.
Stelle, *f.*, place, situation, spot; passage; an Ort und —, on the spot.

stellen, to place, put.
Stellung, *f.*, position.
stemmen, to prop, brace.
sterblich, mortal.
stets, continually, always.
steuern, to steer.
Stich, *m.*, –e, prick, stab, thrust; einen — durchs Herz geben, to sting to the very heart, cut to the quick.
sticken, to embroider.
stilistisch, stylistic.
still, still, quiet.
stillvergnügt, in silent satisfaction.
Stimme, *f.*, voice.
stimmen, to be in tune, agree; das stimmt, just so, true enough.
Stimmung, *f.*, mood, humor.
Stirn, *f.*, brow.
Stock, *m.*, ⸚e, cane; floor, story.
Stoff, *m.*, –e, stuff, material.
stöhnen, to groan.
stolz, proud, haughty.
stören, to disturb, annoy, embarrass.
Störenfried, *m.*, mischief-maker; — der öffentlichen Ruhe, disturber of the peace.
stoßen, stieß, gestoßen, to thrust, push; von sich —, to turn off; *intrans.*, — auf, to meet.
stottern, to stammer.
Strafe, *f.*, punishment.
Straße, *f.*, street; die — herab, down the street.
sträuben, sich, to resist, rebel, object.
Strecke, *f.*, distance.
Streich, *m.*, –e, prank, trick; einen dummen — machen, to play a stupid trick, make a fool of oneself.
streichen, strich, gestrichen, to stroke, spread; gestrichen, buttered.
streifen, to pass over, touch lightly, rest upon.
streng, strict, stern.
streuen, to strew, scatter, sprinkle.
Strickbeutel, *m.*, knitting bag.
Strom, *m.*, ⸚e, stream, river.
stromabgehend, going downstream.
stromauf, **stromaufwärts**, upstream.
Strömung, *f.*, current.
Stube, *f.*, room; — an —, next door.
Stück, *n.*, –e, piece, bit.
Studie (stud′je), *f.*, study, sketch.
studieren, to study.
Studium, *n.*, Studien, (literary) study.
Stufe, *f.*, step, stair.
Stuhl, *m.*, ⸚e, chair.
Stulpnase, *f.*, **Stumpfnäschen**, *n.*, snub-nose.
Stunde, *f.*, hour.
stundenlang, for hours.
Sturmwind, *m.*, –e, tempest.
stürzen, to plunge.
stutzig, startled; — gemacht, disconcerted.
Subjekt, *n.*, subject: person (in a bad sense); schlechtes —, scoundrel.
suchen, to seek, hunt, try; gesucht, popular, in demand.

Summa, *f.*, total.
Summe, *f.*, sum.
summen, to buzz.
sündigen, to sin; — **auf**, to sin against, injure.
süß, sweet.

T

Tabaksdampf, *m.*, tobacco smoke.
tadellos, faultless.
Tafel, *f.*, table, tablet.
Tag, *m.*, –e, day; **am hellen** —, in broad daylight; **vierzehn –e**, two weeks, a fortnight.
Tagelöhner, *m.*, day-laborer.
Tal, *n.*, ⸚er, valley; **zu** —, down the river.
Talent′, *n.*, –e, talent.
Tannenholz, *n.*, pine.
tanzen, to dance.
Tasche, *f.*, pocket.
Taschenbuch, *n.*, ⸚er, pocket-book.
Taschendiebstahl, *m.*, ⸚e, picking a pocket.
Taschentuch, *n.*, ⸚er, handkerchief.
Tasse, *f.*, cup.
Tat, *f.*, deed, act; **in der** —, indeed, in fact.
tätlich, actual; violent.
Tatsache, *f.*, fact.
tatsächlich, actual.
Taumel, *m.*, transport.
tausend, thousand.
tausendmal, a thousand times.
Tee, *m.*, –s, tea.
Teil, *m.*, –e, part, side.
Teint (täŋ), *m.*, –s, complexion.
telegraphieren, to telegraph.
telegraphisch, telegraphic, by telegraph.
Teller, *m.*, plate.
tellerschleppend, plate carrying.
Temperament′, *n.*, –e, temperament.
teuer, dear, expensive.
Teufel, *m.*, devil; **alle** —! the devil!
tief, deep.
Tinte, *f.*, tint.
Tisch, *m.*, –e, table; **bei** —, at the table, at dinner.
Tochter, *f.*, ⸚, daughter.
toll, mad; **rein zum** — **werden**, simply enough to drive one mad.
Ton, *m.*, ⸚e, tone.
Tor, *n.*, –e, gate, entrance.
Torhüter, *m.*, **Torwächter**, *m.*, **Torwärter**, *m.*, porter.
total′, totally.
totenbleich, deadly pale.
totschlagen, **schlug**, **geschlagen**, to kill; **totgeschlagen**, knocked out, done up.
Trab, *m.*, trot; **in** — **setzen**, to put into a trot.
tragen, **trug**, **getragen**, to bear, carry, wear.
Träne, *f.*, tear.
Trauer, *f.*, grief.
Traum, *m.*, ⸚e, dream.
träumen, to dream.
treffen, **traf**, **getroffen**, to meet; **sich** —, to happen.
trefflich, excellent.

treiben, trieb, getrieben, to drive; to carry on, be up to; wie es sein Vater treibe, how his father was making it.
Treiben, *n.*, activity.
trennen, to separate; sich —, to part, take leave, be absent from.
Treppe, *f.*, stairway, stairs.
Treppenabteilung, *f.*, part of the stairs, flight of stairs.
treten, trat, getreten, to step, tread, come, enter.
treu, true, faithful.
trinken, trank, getrunken. to drink.
Trinkgeld, *n.*, -er, fee, tip.
trocken, dry.
Tropfen, *m.*, drop.
trösten, to console; sich -d, in self-consolation.
Trottoir' (oi = ŏa), *n.*, -s, side-walk.
Trotz, *m.*, defiance.
trotzdem, in spite of that, nevertheless.
trotzig, defiant.
trübe, muddy; dark, gloomy.
tüchtig, capable, excellent; *adv.*, thoroughly.
tun, tat, getan, to do, act, put.
Taugenichts, *m.*, ne'er-do-well.
tunlich, feasible.
Tür(e), *f.*, door; — an —, right next door, in the very next room.
türkisch, Turkish.

U

übel, bad; nicht — Lust haben, to have a great mind to.
über, over, upon, at, about, after, by way of, concerning; — und —, all over.
überall', everywhere.
ü'berbiegen, bog, gebogen, sich, to lean over.
Ü'berblick, *m.*, -e, view.
überdeck'en, to cover over.
überdies', moreover, anyway.
ü'berdrüssig, *with gen.*, tired of, disgusted with.
überei'len, to do precipitately.
überfal'len, überfiel, überfallen, to fall upon, surprise.
überflie'gen, überflog, überflogen, to glance over; mit dem Blick —, to give a hurried glance at.
Ü'berfluß, *m.*, abundance.
überfor'dern, to overcharge.
überfüh'ren to convince, convict.
übergos'sen, suffused.
überhaupt', at all, anyway.
überkom'men, überkam, überkommen, to attack, come over.
überlas'sen, überließ, überlassen, to leave, give up.
überle'gen, to think over, consider, reflect; hin und her —, to consider on all sides; sich (*dat.*) etwas —, to revolve in one's mind, reflect upon, decide.
überman'nen, to overcome.
übernach'ten, to stay over night.
überneh'men, übernahm, übernommen, to take charge of; to incur.
überrasch'en, to surprise.
Überrasch'ung, *f.*, surprise.

überrei'chen, to hand over.
Ü'berrock, *m.*, ⸗e, frock coat.
überschau'en, to survey.
überse'hen, übersah, übersehen, to look over, overlook; mit dem Blick —, to perceive at a glance.
übertra'gen, übertrug, übertragen, to entrust to, order of.
Ü'berwurf, *m.*, ⸗e, overskirt.
ü'berzählig, surplus.
überzeu'gen, to convince.
Überzeu'gung, *f.*, conviction, assurance.
üblich, customary, usual.
übrig, left over, remaining, other; — bleiben, to be left; das –e, the rest; das –e Geld, the change.
übrigens, furthermore, however.
Ufer, *n.*, shore, bank.
Uhr, *f.*, clock; *after a numeral*, o'clock.
Uhrscheibe, *f.*, clock dial.
um, around, about, for, at, by, over, concerning; *with infinitive*, in order; — . . . willen, for the sake of.
um'drehen, to turn around; *reflexive with same meaning.*
um'fangreich, ample, extensive.
umge'ben, umgab, umgeben, to surround.
Umge'bung, *f.*, surroundings, environs.
Um'gegend, *f.*, vicinity.
umge'hen, umging, umgangen, to evade.
umher', around, about.
umherschlendern, to stroll about.
umherschweifen, to wander about.
Umherstreifen, *n.*, wandering, roaming.
umherwerfen, warf, geworfen, to cast about.
umhin', around; er konnte nicht —, he could not help but.
um'kleiden, sich, to change one's clothes.
um'schauen, sich, to look around.
umschlin'gen, umschlang, umschlungen, to embrace.
umschwär'men, to swarm around
um'sehen, sah, gesehen, sich, to look around.
Um'stand, *m.*, ⸗e, circumstance; *plur.*, formalities; Umstände machen, to stand on ceremony, be formal.
unabhängig, independent.
unangenehm, unpleasant, disagreeable.
Unannehmlichkeit, *f.*, unpleasantness, annoyance.
unbedeutend, insignificant, inconsiderable.
unbefangen, unconcerned, unembarrassed.
unbehaglich, uncomfortable.
unbeholfen, embarrassed.
unbekannt, unknown, strange.
unbequem, uncomfortable, inconvenient.
Unbequemlichkeit, *f.*, discomfort, inconvenience, annoyance.
unbeschreiblich, indescribable.
unbeschützt, unprotected.
unbesetzt, unoccupied.

undankbar, thankless.
unend'lich, infinite, immense; *adv.*, extremely.
unentwirr'bar, unintelligible.
unerbitt'lich, unrelenting.
unerheblich, insignificant.
unerträg'lich, unendurable.
unerwar'tet, unexpected.
unfreundlich, unkind.
ungefähr, about, nearly.
ungelegt, unlaid.
ungemein', uncommon; *adv.*, extraordinarily, exceedingly.
ungemütlich, uncomfortable, not cordial.
ungern, unwillingly.
ungesäumt', without delay.
ungeschickt, awkward.
ungestört', uninterrupted.
ungestraft', unpunished.
ungewöhnlich, unusual.
ungezwungen, unconstrained.
unglaublich, incredible.
Unglück, *n.*, misfortune, bad luck.
unglücklich, **unglückselig**, unfortunate, unhappy.
unheimlich, uncanny, mysterious.
unhöflich, impolite.
Uniform, *f.*, uniform.
unmelodisch, unmelodious, harsh.
unmittelbar', immediately, directly.
unmög'lich, impossible; *adv.*, not possibly.
unnötig, unnecessary.
unparteiisch, impartial.
unpraktisch, impractical, unsuitable.
Unrecht, *n.*, -e, wrong, injury; — tun, to wrong.
Unruhe, *f.*, commotion.
unschädlich, harmless.
unschein'bar, insignificant, unpretending.
unschlüssig, undecided, irresolute.
Unschuld, *f.*, innocence.
unschuldig, innocent.
unselig, unhappy, wretched.
unsicher, uncertain, insecure.
Unsinn, *m.*, nonsense.
unten, down, below, downstairs.
unter, under, among.
unterbre'chen, unterbrach, unterbrochen, to interrupt.
un'terbringen, brachte, gebracht, to stow away.
untere, lower.
unterhal'ten, unterhielt, unterhalten, to converse, talk.
Unterhal'tung, *f.*, conversation.
Un'terkommen, *n.*, shelter, lodging.
Unterneh'mung, *f.*, undertaking.
Unterre'dung, *f.*, conversation.
unterrich'ten, to inform.
Un'terschaffner, *m.*, guard.
unterschei'den, unterschied, unterschieden, to distinguish.
unterschrei'ben, unterschrieb, unterschrieben, to sign.
Un'terschrift, *f.*, signature.
unterste'hen, unterstand, unterstanden, sich, to dare, presume.
unterstüt'zen, to support.
untersu'chen, to examine.
unterwegs', on the way, on the road; für —, during the trip.

ununterbro'chen, uninterrupted.
unverant'wortlich, unwarrantable.
unverkenn'bar, unmistakeable, obvious. [outrageous.
unverschämt, shameless, insolent,
Unverschämtheit, *f.*, insolence.
unverschul'det, undeservedly.
Unwahrheit, *f.*, untruth.
unwillkommen, unwelcome.
unwillkür'lich, involuntary, unconscious.
Unwohlsein, *n.*, indisposition.
unwürdig, unworthy, disgraceful.
Unzahl, *f.*, endless number; eine — von, no end of.
unzureichend, insufficient.
üppig, luxuriant, voluptuous.
Üppigkeit, *f.*, luxuriance.
Ursache, *f.*, cause, reason.

V

Vagabund', *m.*, -en, vagabond.
Vater, *m.*, ", father.
Veilchen, *n.*, violet.
verächtlich, contemptuous.
verändern, to change, alter; sich —, to change.
veranlassen, to cause.
Veranlassung, *f.*, cause, provocation, occasion.
verbeißen, verbiß, verbissen, to stifle.
verbessern, sich, to reform.
verbeugen, sich, to bow.
Verbeugung, *f.*, bow.
verbinden, verband, verbunden, to connect; verbunden mit, accompanied by.
verbindlich, politely.
Verbindung, *f.*, connection; conversation; in — stehen, to be connected, have connection.
verblenden, to blind.
verblüfft, confused, dumbfounded.
verboten, forbidden.
verbrechen, verbrach, verbrochen, to commit (an offense), be guilty of.
Verbrecher, *m.*, criminal.
verbreiten, sich, to spread.
verbringen, verbrachte, verbracht, to pass, spend.
verbüßen, to undergo.
Verdacht, *m.*, suspicion; in — haben, to have suspicion of, suspect; in dem — stehen, to be under suspicion.
verdächtig, *with gen.*, suspected of.
verdammen, to condemn, damn.
verdanken, to owe.
verdenken, verdachte, verdacht, to find fault with; es war ihm nicht zu —, he was not to be blamed.
verdienen, to earn, make, deserve.
Verdruß, *m.*, vexation, mortification.
verdutzt, amazed, dumbfounded; ein -es Gesicht machen, to look dumbfounded.
verehrt, honored; -er Herr! my dear sir!
verfahren, verfuhr, verfahren, to proceed, act; — gegen, to treat.
verfehlen, to miss.
verfließen, verfloß, verflossen, to elapse.

verflucht, cursed, confounded.
verfolgen, to pursue, continue; die ihn –den, his pursuers.
verführerisch, seductive.
vergeben, vergab, vergeben, to forgive.
vergebens, in vain.
vergehen, verging, vergangen, to pass.
Vergehen, *n.*, offence.
vergessen, vergaß, vergessen, to forget.
vergleichen, verglich, verglichen, to compare.
Vergnügen, *n.*, pleasure.
vergnügt, pleased, satisfied; pleasant, merry.
Vergnügungsreise, *f.*, pleasure trip.
verhaften, to arrest.
Verhältnis, *n.*, –(ss)e, relation, circumstance.
verhältnismäßig, relative.
verheimlichen, to conceal.
verheiratet, married.
verhelfen, verhalf, verholfen, to help get.
verhindern, to hinder, prevent.
verhöhnen, to laugh at, ridicule.
verkaufen, to sell.
verkehren, to associate, converse.
verlangen, to desire, demand; — nach, to want to see.
verlassen, verließ, verlassen, to leave.
verlebt, worn out.
verlegen, embarrassed, confused, in confusion.
Verlegenheit, *f.*, embarrassment, confusion, difficulty.
verlieren, verlor, verloren, to lose; aus den Augen —, to lose sight of.
verlobt, betrothed, engaged.
Verlobung, *f.*, betrothal.
vermeiden, vermied, vermieden, to avoid.
vermeintlich, supposed, pretended.
vermindern, to diminish, abate.
vermögen, vermochte, vermocht, to be able.
Vermögen, *n.*, property.
vermuten, to suppose, imagine.
verneinen, to answer no, reply in the negative.
vernünftig, reasonable, sensible.
Verpflichtung, *f.*, obligation.
verraten, verriet, verraten, to betray, reveal, show.
verrechnen, sich, to miscalculate.
verreisen, to go on a journey; verreist, away from home, out of town.
Verrückte, *adj. inflection*, lunatic.
versagen, to deny, refuse; sich etwas —, to deny oneself, refrain from something.
versäumen, to neglect, miss, waste.
verschaffen, to procure.
verschieben, verschob, verschoben, to postpone.
verschieden, different, various.
verschlafen, verschlief, verschlafen, to lose by sleeping; die Zeit —, to oversleep oneself.
verschließen, verschloß, verschlossen, to lock up.
verschlimmern, to make worse.

verschweigen, verschwieg, verschwiegen, to pass over in silence, neglect to mention.
verschwinden, verschwand, verschwunden, to disappear, vanish.
versehen, provided with.
Versehen, *n.*, oversight, mistake.
versetzen, to give, fetch.
versichern, to assure, affirm, claim.
Versicherung, *f.*, assurance.
versprechen, versprach, versprochen, to promise.
verspüren, to perceive, feel.
verstärken, sich, to increase.
verstecken, to hide, conceal.
verstehen, verstand, verstanden, to understand; es versteht sich (von selbst), it is a matter of course, it goes without saying.
verstellen, to displace, distort; sich —, to disguise oneself, dissemble.
Versuch, *m.*, –e, attempt.
versuchen, to try, attempt.
verteidigen, to defend.
verteilen, to distribute, assign.
vertragen, vertrug, vertragen, to stand, endure; ich vertrug es nicht, it did not agree with me.
vertraulich, familiar.
Vertreter, *m.*, representative.
verüben, to practice, commit.
verunglückt, disastrous.
verwandeln, to change, turn.
verwechseln, to confuse, confound, mix up.
Verwechs(e)lung, *f.*, confusion.
verwenden, verwandte, verwandt *or* *weak*, to turn away; to use, apply; keinen Blick —, to keep the eyes fixed upon.
verwirrt, distracted, confused.
verwöhnt, fastidious.
Verwunderung, *f.*, astonishment.
verwünscht, accursed; confounded, deuced.
verzehren, to devour, eat.
Verzeihung, *f.*, pardon; (ich) bitte um —, I beg your pardon.
Verzweifeln, *n.*, despair; rein zum —, enough to drive one to despair.
verzweifelt, desperate, hopeless.
Verzweiflung, *f.*, despair.
viel, much; *plur.*, many; Vieles, a great deal.
vielleicht, perhaps.
vielmals, many times, often; ich danke —, many thanks, thank you very much.
Vierteil, *n.*, –e, fourth, quarter.
Viertel, *n.*, quarter; ein — auf elf, a quarter past ten.
Viertelstunde, *f.*, quarter of an hour.
vigilieren, to watch.
Volk, *n.*, ¨er, people; das fremde —, strangers.
voll, full, whole; aus –er Seele, with one's whole soul.
vollends, completely.
vollgültig, valid, sufficient.
völlig, completely, wholly.
vollkommen, perfect, complete; *adv.*, wholly, quite.
vollständig, full, complete; *adv.*, quite.

von, of, by, from, with.
vor, before, in front of; with, from, in; above; *in expressions of time*, ago; — sich hin, to oneself. [beforehand.
voraus, ahead; im —, in advance,
Vorbau, *m.*, -(e)s, -e, porch, portico, projecting part of a building.
vorbehalten, behielt, behalten, sich (*dat.*), to reserve to oneself, stipulate.
vorbei, past; *very common in connection with* an, *the two words having the force of* by, past.
Vorbeifliegen, *n.*, passing.
Vorbereitung, *f.*, preparation.
vorbringen, brachte, gebracht, to put
vordere, front. [forward, offer.
Vorderseite, *f.*, front, face.
vorfahren, fuhr, gefahren, to drive up in front of.
vorfallen, fiel, gefallen, to happen; nach dem eben Vorgefallenen, after what had just happened.
vorführen, to bring before; — lassen, to deliver.
Vorgang, *m.*, ⸚e, event.
vorgeben, gab, gegeben, to give as an excuse, pretend.
Vorgeben, *n.*, pretext.
vorgehen, ging, gegangen, to go on, take place.
vorgestern, day before yesterday; — abend, night before last.
Vorhalle, *f.*, vestibule.
Vorhaus, *n.*, ⸚er, entry.
vorher, before this, hitherto, a little while ago, just now, first.
vorhin, before, previously, a little while ago.
vorig, former.
vorkommen, kam, gekommen, to occur, happen; to seem, appear.
vorlegen, to place before.
vorlesen, las, gelesen, to read to.
vorliegen, lag, gelegen, to exist.
vorn, forward; mit dem Gesicht nach —, facing forward.
vornehm, aristocratic, elegant.
vornehmen, nahm, genommen, to undertake; sich etwas —, to determine upon (doing) something. [naries.
Vorrede, *f.*, preamble; prelimi-
Vorsaal, *m.*, Vorsäle, hall.
Vorschlag, *m.*, ⸚e, proposal.
vorschlagen, schlug, geschlagen, to propose.
vorschützen, to pretend, plead.
vorsetzen, to set before, offer.
vorsichtig, cautious, prudent, careful; -er Weise, prudently.
vorstehen, stand, gestanden, *with dat.*, to attend to.
vorstellen, to present, introduce.
vorstoßen, stieß, gestoßen, to thrust forth, blow.
vorstrecken, to extend.
vorteilhaft, advantageous; *adv.*, to advantage.
vortreff'lich, excellent.
vorüber, past, by; cf. vorbei.
vorübergehen, ging, gegangen, to go by, go past.
vorübergleiten, glitt, geglitten, to glide past.

vorüberschießen, schoß, geschossen, to shoot, dash past.
vorüberziehen, zog, gezogen to pass by.
vorwiegend, predominant.
Vorwurf, *m.*, ⁼e, reproof, reproach.

W

wach, awake.
wachsen, wuchs, gewachsen, to grow; genau so gewachsen, of exactly the same build.
wacker, worthy, excellent.
wagen, to dare, venture, risk.
Wagen, *m.*, wagon, carriage, car.
Wahl, *f.*, choice.
wählen, to choose, select.
wahnsinnig, insane.
wahr, true, real, regular; nicht —? isn't it? doesn't it? etc., *used at the end, sometimes at the beginning, of a sentence to appeal for the listener's assent to the statement.*
wahren, to keep, preserve.
während, while, as.
wahrhaft, **wahrhaftig**, true, real.
Wahrheit, *f.*, truth.
wahrlich, surely, certainly.
wahrscheinlich, probable.
Wahrscheinlichkeit, *f.*, probability; aller — nach, in all probability.
wallend, flowing.
Wand, *f.*, ⁼e, wall.
Wanderer, *m.*, wanderer.
wandern, to wander, stroll, walk.
Wange, *f.*, cheek.
wann, *interrogative*, when; dann und —, now and then.
warm, warm.
warnen, to warn.
warten, to wait.
was, what, which, that; *adv.*, for what reason, why; — auch, whatever, what in the world; — für, what, what a, what kind of.
Wäsche, *f.*, linen.
Wasser, *n.*, water; zu —, by water.
Wechsel, *m.*, draft.
wechseln, to change, exchange.
weder . . . noch, neither . . . nor.
Weg, *m.*, –e, way, road, route; trip, walk; errand, business; etwas in den — legen, to hinder, cause trouble; sich auf den — machen, to set out.
weg, away.
wegen, *with gen.*, on account of, concerning, for.
weggesetzt, laid up, discharged.
weglaufen, lief, gelaufen, to run away.
wegstecken, to put away.
weh, **wehe**, sore, aching; o —! oh dear! — tun, to hurt.
wehren, to prevent, forbid.
Weib, *n.*, –er, wife, woman.
weiblich, female.
Weiblichkeit, *f.*, womanhood.
weichen, wich, gewichen, to yield, give way.
weiden, to delight; sich —, to feast the eyes.

weil, because.

Weile, *f.*, while; eine ganze —, quite a while.

Wein, *m.*, -e, wine.

Weinhändler, *m.*, wine merchant.

Weinschenke, *f.*, wine house.

Weise, *f.*, way, manner; vorsichtiger —, *gen.*, prudently; sonderbarer —, *gen.*, strange to say.

weisen, wies, gewiesen, to direct.

weiß, white.

Weiß, *n.*, white.

weißen, to whitewash.

weißgestickt, white embroidered.

weit, wide, far; *adv.*, far, much; -er, *comp.*, farther, more; *adv.*, farther, on, else; ohne weiteres, without more ado, at once.

welcher, e, es, *inter.*, *rel.*, *and indefinite*, which, who, what, that; — . . . auch, whatever.

Welt, *f.*, world; alle —, everybody; von der —, *after a superlative*, in the world.

wenden, wandte, gewandt, *also weak*, to turn; sich —, to turn, move.

Wendung, *f.*, turn.

wenig, little; *plur.*, few; ein —, a little; ein klein —, a little bit; -er, less; nichts -er als, anything but; -stens, at least; am -sten, at least, least of all.

Wenigkeit, *f.*, insignificance; meine —, my humble self.

wenn, when, if; — auch, even if, although.

wer, who, whoever; — von Ihnen, which one of you.

werden, wurde *or* ward, geworden, to become, grow, get.

werfen, warf, geworfen, to throw, cast.

Werk, *n.*, -e, work, deed.

wert, *with gen.*, worth, worthy, valued.

Wesen, *n.*, being, creature, person, thing; manner, bearing.

weshalb, wherefore, why.

Wetter, *n.*, weather.

wichtig, important.

Wi'derstand, *m.*, opposition.

widersteh'en, widerstand, widerstanden, to resist, withstand.

widmen, to devote.

wie, how; as, when; like, as if; as well as; — auch, as well as; wie? isn't that so?

wieder, again; immer —, again and again.

wiederho'len, to repeat.

Wiedersehen, *n.*, meeting again.

wild, wild.

wildfremd, utterly strange.

wildgesellig, wildly convivial.

Wille(n), *m.*, -ns, will, design; um . . . —, *with gen.*, for the sake of.

willfahren, to gratify, humor, accomodate.

willkommen, welcome.

Wimper, *f.*, eyelash.

Wind, *m.*, -e, wind.

Wink, *m.*, -e, hint.

wirbeln, to whirl, curl; -d, in clouds.

wirklich, real, actual.

[illegible], n., -e or -er, word; das —
[illegible], to be the spokesman;
mit [illegible] -en, in a few words.
[illegible], n., little word.
[illegible], for what purpose, why; in
addition to which.
[illegible], to rummage.
[illegible], wonderful.
[illegible], charming.
[illegible], queer, odd, strange.
[illegible], to wonder; imper-
[illegible] I wonder;
[illegible] I
[illegible] [tiful.
[illegible] beau-
[illegible]
[illegible] desire.
[illegible]

3

[illegible]
[illegible] she
[illegible]

zehntausend, ten thousand.
Zeichen, *n.*, sign; zum —, as a proof.
Zeichengerätschaft, *f.*, drawing utensils.
Zeichenmappe, *f.*, sketchbook.
zeigen, to point, show; sich —, to appear.
Zeile, *f.*, line.
Zeit, *f.*, time, while; mit der —, in time, by and by; in der —, meanwhile; die höchste —, high time, more than time; die nächste —, the immediate future; (eben noch) zur rechten —, just in time; der hatte —, damit hatte es —, there was time enough for that.
Zeitlang, *f.*, while, short time.
Zeitpunkt, *m.*, –e, point of time, moment.
Zeitung, *f.*, newspaper.
Zeitungsblatt, *n.*, ⁻er, (single number of a) newspaper.
Zeitverlust, *m.*, loss of time.
zerbrechen, zerbrach, zerbrochen, to break, shatter; sich den Kopf —, to rack one's brains, bother one's head.
zerdrücken, to suppress.
zerreißen, zerriß, zerrissen, to tear to pieces, tear up.
zerstreuen, to scatter; sich —, to be scattered.
Zettel, *m.*, card, note; check.
Zeuge, *m.*, –n, witness.
Zeugnis, *n.*, –(ss)e, testimony, evidence.
ziehen, zog, gezogen, to draw, pull, get, take off; *intrans.*, to move, go.
Ziel, *n.*, –e, end, destination; object.
ziellos, aimless.
ziemlich, rather, quite, pretty, pretty well.
zierlich, delicate.
Zierpflanzen, *f. plur.*, ornamental plants.
Zimmer, *n.*, room.
zischeln, to whisper.
zischen, to hiss.
zittern, to tremble.
Zivil', *n.*, citizen's clothes.
zivilisiert, civilized.
zögern, to hesitate.
Zoll, *m.*, –e, inch.
zoologisch, zoological.
Zopf, *m.*, ⁻e, plait, braid.
Zorn, *m.*, anger; in ausbrechendem —, in an outburst of anger.
zornig, angry.
zu, to, towards, for, at, by; *adv.*, too; nach . . . —, in the direction of.
zubringen, brachte, gebracht, to pass, spend.
zucken, to twitch, quiver, tremble, wince; to dart; mit den Achseln —, to shrug the shoulders.
zudenken, dachte, gedacht, to intend for.
Zudrang, *m.*, rush.
zudrängen, to crowd up.
zudrehen, to turn towards.
zueignen, to appropriate.
zuerst, first, at first.
Zufall, *m.*, ⁻e, chance.

zufällig, chance, accidental; *adv.*, by chance.
zuflüstern, to whisper to.
zufrieden, satisfied, content.
zufriedengestellt, satisfied.
zuführen, to bring, lead to.
Zug, *m.*, ⸚e, motion; line, feature, expression; draught; train; mechanical contrivance.
Zugbrücke, *f.*, drawbridge.
zugeben, gab, gegeben, to allow, grant, admit.
zuge′gen, present.
zugehen, ging, gegangen, to go shut, close; — auf, to go up to.
zugestehen, gestand, gestanden, to consent to.
zugestutzt, trimmed.
zugleich, at the same time.
zukommen, kam, gekommen, auf, to come up to.
Zukunft, *f.*, future.
zulaufen, lief, gelaufen, to run to, at, up.
zuletzt, last, at last.
zunächst, next, first of all; *prep. with dat.*, next to.
Zuname, *m.*, –ns, –n, surname.
zunicken, to nod to.
zurechtpacken, to repack.
zurechtrücken, to set on straight, adjust.
zurichten, to direct toward.
zuriegeln, to bolt, lock.
zürnen, to be angry, say in anger.
zurück, back, backwards.
zurückeilen, to hurry back.
zurückerhalten, erhielt, erhalten, to get back; das –e Geld, the change.
zurückfahren, fuhr, gefahren, to return; to drive back.
zurückführen, to take back.
zurückgeben, gab, gegeben, to give back, return.
zurückgleiten, glitt, geglitten, to glide back.
zurückhalten, hielt, gehalten, to hold back; sich —, to hold aloof.
zurückkehren, to return.
zurückkommen, kam, gekommen, to come back, return.
zurücklassen, ließ, gelassen, to leave behind.
zurückrufen, rief, gerufen, to recall.
zurückschieben, schob, geschoben, to push back.
zurückschlendern, to saunter back.
zurückschreiten, schritt, geschritten, to step, walk back.
zurücksinken, sank, gesunken, to sink, fall back.
zurücktreten, trat, getreten, to step back, retreat, withdraw.
zurückweisen, wies, gewiesen, to refuse, resent.
zurückwenden, wandte, gewandt *or weak*, sich, to turn back.
zurückwerfen, warf, geworfen, to cast back.
zurückziehen, zog, gezogen, sich, to draw back, withdraw.
zurückzwingen, zwang, gezwungen, to force back, repress.
zusammen, together.
zusammenbeben, to shrink back.

zusammenfalten, to fold up.
zusammenmachen, to make together.
zusammenrücken, to draw closer together.
zusammensuchen, to get together, gather up.
zusammentreffen, traf, getroffen, to meet.
Zusammentreffen, *n.*, coincidence, meeting.
zusammenziehen, zog, gezogen, to contract.
zusammenzucken, to wince.
zuschlagen, schlug, geschlagen, to strike; to slam shut.
zuschlendern, to saunter toward.
zuschreiten, schritt, geschritten, to walk toward.
zusehen, sah, gesehen, to look on, witness.
zusprechen, sprach, gesprochen, to address oneself to, enjoy.
zuspringen, sprang, gesprungen, to rush up to.
Zustand, *m.*, ¨e, condition.
zustimmen, to agree, assent; –d nicken, to nod assent.
Zustimmung, *f.*, consent.
zutrauen, to be capable of, suspect of; *with dat. obj. of the person, and acc. obj. of the thing.*
zutreten, trat, getreten, auf, to step up to.
zuweilen, at times, sometimes, now and then.
zuwenden, wandte, gewandt, *or weak,* to turn toward.
zuwerfen, warf, geworfen, to throw (to), slam.
zuwinken, to motion to, wave to.
zwar, in fact, indeed; und —, and that, too.
Zweck, *m.*, –e, end, purpose.
zweideutig, equivocal.
Zweifel, *m.*, doubt, hesitancy.
zweifeln, to doubt.
zweimal, twice.
zwingen, zwang, gezwungen, to force, compel.
zwischen, between, among.
Zwischenfall, *m.*, ¨e, incident; interruption.
Zwischenzeit, *f.*, interval.

Heath's Modern Language Series

GERMAN GRAMMARS AND READERS.

Alternative Exercises. For the *Joynes-Meissner*. 15 cts.

Ball's German Drill Book. Companion to any grammar. 80 cts.

Ball's German Grammar. 90 cts.

Boisen's German Prose Reader. 90 cts.

Deutsches Liederbuch. With music. 75 cts.

Foster's Geschichten und Märchen. For young children. 25 cts.

Fraser and Van der Smissen's German Grammar. $1.10.

French's Sight Translation; English to German. 15 cts.

German Noun Table (Perrin and Hastings). 20 cts.

Gore's German Science Reader. 75 cts.

Guerber's Märchen und Erzählungen, I. 60 cts. **II.** 65 cts.

Harris's German Composition. 50 cts.

Harris's German Lessons. 60 cts.

Hastings' Studies in German Words. $1.00.

Hatfield's Materials for German Composition. Each, 12 cts.

Heath's German Dictionary. Retail price, $1.50.

Holzwarth's Gruss aus Deutschland. 90 cts.

Horning's Materials. Based on *Der Schwiegersohn*. 5 cts.

Huss's German Reader. 70 cts.

Joynes-Meissner German Grammar. $1.15.

Joynes's Shorter German Grammar. Part I of the above. 80 cts.

Joynes's Shorter German Reader. 60 cts.

Joynes and Wesselhoeft's German Grammar. $1.15.

Krüger and Smith's Conversation Book. 25 cts.

Meissner's German Conversation. 65 cts.

Mosher and Jenney's Lern- und Lesebuch. $1.25.

Nix's Erstes deutsches Schulbuch. For primary classes. Illus. 35 cts.

Pattou's An American in Germany. A conversation book. 70 cts.

Schmidhofer's Erstes Lesebuch. 40 cts.

Schmidhofer's Zweites Lesebuch. 50 cts.

Sheldon's Short German Grammar. 60 cts.

Spanhoofd's Elementarbuch der deutschen Sprache. $1.00.

Spanhoofd's Erstes Deutsches Lesebuch. 70 cts.

Spanhoofd's Lehrbuch der deutschen Sprache. $1.00.

Stüven's Praktische Anfangsgründe. 70 cts.

Wallentin's Grundzüge der Naturlehre (Palmer). $1.00.

Wesselhoeft's Elementary German Grammar. 90 cts.

Wesselhoeft's Exercises. Conversation and composition. 50 cts.

Wesselhoeft's German Composition. 45 cts.

Heath's Modern Language Series

ELEMENTARY GERMAN TEXTS. (Partial List.)

Andersen's Bilderbuch ohne Bilder (Bernhardt). Vocabulary. 30 cts.
Andersen's Märchen (Super). Vocabulary. 50 cts.
Aus der Jugendzeit (Betz). Vocabulary and exercises. 40 cts.
Baumbach's Nicotiana (Bernhardt). Vocabulary. 30 cts.
Baumbach's Waldnovellen (Bernhardt). Six stories. Vocabulary. 35 cts.
Benedix's Der Prozess (Wells). Vocabulary. 25 cts.
Benedix's Nein (Spanhoofd). Vocabulary and exercises. 25 cts.
Blüthgen's Das Peterle von Nürnberg (Bernhardt). Vocab. and exs. 35 cts.
Bolt's Peterli am Lift (Betz). Vocabulary and exercises. 40 cts.
Campe's Robinson der Jüngere (Ibershoff). Vocabulary. 40 cts.
Carmen Sylva's Aus meinem Königreich (Bernhardt). Vocabulary. 35 cts.
Die Schildbürger (Betz). Vocabulary and exercises. 35 cts.
Der Weg zum Glück (Bernhardt). Vocabulary and exercises. 40 cts.
Deutscher Humor aus vier Jahrhunderten (Betz). Vocab. and exercises. 40 cts
Elz's Er ist nicht eifersüchtig (Wells). Vocabulary. 25 cts.
Gerstäcker's Germelshausen (Lewis). Vocabulary and exercises. 30 cts.
Goethe's Das Märchen (Eggert). Vocabulary. 30 cts.
Grimm's Märchen and Schiller's Der Taucher (Van der Smissen). 45 cts.
Hauff's Das kalte Herz (Van der Smissen). Vocab. Roman type. 40 cts.
Hauff's Der Zwerg Nase (Patzwald and Robson). Vocab. and exs. 30 cts.
Heyse's L'Arrabbiata (Deering-Bernhardt). Vocab. and exercises. 30 cts.
Heyse's Niels mit der offenen Hand (Joynes). Vocab. and exercises. 30 cts.
Hillern's Höher als die Kirche (Clary). Vocabulary and exercises. 30 cts.
Leander's Träumereien (Van der Smissen). Vocabulary. 40 cts.
Münchhausen: Reisen und Abenteuer (Schmidt). Vocabulary. 30 cts.
Rosegger's Der Lex von Gutenhag (Morgan). Vocab. and exercises. 40 cts.
Salomon's Die Geschichte einer Geige (Tombo). Vocab. and exercises. 30 cts.
Schiller's Der Neffe als Onkel (Beresford-Webb). Vocabulary. 30 cts.
Spyri's Moni der Geissbub (Guerber). Vocabulary. 30 cts.
Spyri's Rosenresli (Boll). Vocabulary. 25 cts.
Spyri's Was der Grossmutter Lehre bewirkt (Barrows). Vocab. and exs. 30 cts.
Storm's Geschichten aus der Tonne (Vogel). Vocab. and exs. 40 cts.
Storm's Immensee (Bernhardt). Vocabulary and exercises. 30 cts.
Storm's In St. Jürgen (Wright). Vocabulary and exercises. 35 cts.
Storm's Pole Poppenspäler (Bernhardt). Vocabulary. 40 cts.
Till Eulenspiegel (Betz). Vocabulary and exercises. 30 cts.
Volkmann's Kleine Geschichten (Bernhardt). Vocabulary. 30 cts.
Zschokke's Der zerbrochene Krug (Joynes). Vocabulary and exercises. 25 cts.

Heath's Modern Language Series

INTERMEDIATE GERMAN TEXTS. (Partial List.)

Arndt, Deutsche Patrioten (Colwell). Vocabulary. 35 cts.
Aus Herz und Welt (Bernhardt). 25 cts.
Benedix's Die Hochzeitsreise (Schiefferdecker). Vocabulary. 30 cts.
Böhlau's Ratsmädelgeschichten (Haevernick). Vocabulary. 40 cts.
Chamisso's Peter Schlemihl (Primer). Vocabulary. 35 cts.
Deutsche Gedichte und Lieder (Roedder and Purin). Vocabulary. 60 cts.
Eichendorff's Aus dem Leben eines Taugenichts (Osthaus). Vocab. 45 cts.
Goethe's Hermann und Dorothea (Adams). Vocabulary. 65 cts.
Goethe's Sesenheim (Huss). From *Dichtung und Wahrheit.* Vocab. 30 cts.
Hauff's Lichtenstein (Vogel). Abridged. 75 cts.
Heine's Die Harzreise (Vos). Vocabulary. 45 cts.
Hoffmann's Historische Erzählungen (Beresford-Webb). 25 cts.
Jensen's Die braune Erica (Joynes). Vocabulary. 35 cts.
Keller's Fähnlein der sieben Aufrechten (Howard). Vocabulary. 40 cts.
Keller's Romeo und Julia auf dem Dorfe (Adams). Vocabulary. 35 cts.
Lambert's Alltägliches. Vocabulary and exercises. 75 cts.
Lohmeyer's Geissbub von Engelberg (Bernhardt). Vocab. and exs. 40 cts.
Lyrics and Ballads (Hatfield). 75 cts.
Meyer's Gustav Adolfs Page (Heller). 25 cts.
Mosher's Willkommen in Deutschland. Vocabulary and exercises. 75 cts.
Novelletten-Bibliothek (Bernhardt). Vol. I, 35 cts. Vol. II, 35 cts.
Raabe's Eulenpfingsten (Lambert). Vocabulary. 45 cts.
Riehl's Burg Neideck (Jonas). Vocabulary and exercises. 35 cts.
Rogge's Der grosse Preussenkönig (Adams). Vocabulary. 45 cts.
Schiller's Der Geisterseher (Joynes). Vocabulary. 35 cts.
Schiller's Dreissigjähriger Krieg (Prettyman). Book III. 35 cts.
Selections for Advanced Sight Translation (Chamberlin). 15 cts.
Selections for Sight Translation (Mondan). 15 cts.
Spielhagen's Das Skelett im Hause (Skinner). Vocabulary. 45 cts.
Stifter's Das Haidedorf (Heller). 20 cts.
Stökl's Alle fünf (Bernhardt). Vocab. and exercises. 30 cts.
Unter dem Christbaum (Bernhardt). 35 cts.
Wildenbruch's Das edle Blut (Schmidt). Vocab. and exercises. 30 cts.
Wildenbruch's Der Letzte (Schmidt). Vocab. and exercises. 35 cts.
Wildenbruch's Neid (Prettyman). Vocabulary. 35 cts.
Zschokke's Das Abenteuer der Neujahrsnacht (Handschin). Vocab. 35 cts.
Zschokke's Das Wirtshaus zu Cransac (Joynes). Vocab. and exs. 30 cts.

Heath's Modern Language Series

INTERMEDIATE GERMAN TEXTS. (Partial List.)

Arnold's Aprilwetter (Fossler). Vocabulary. 40 cts.
Arnold's Fritz auf Ferien (Spanhoofd). Vocabulary. 30 cts.
Auf der Sonnenseite (Bernhardt). Vocabulary. 35 cts.
Baumbach's Das Habichtsfräulein (Bernhardt). Vocab. and exs. 40 cts.
Baumbach's Der Schwiegersohn (Bernhardt). 30 cts. Vocabulary, 40 cts.
Baumbach's Die Nonna (Bernhardt). Vocabulary. 30 cts.
Benedix's Plautus und Terenz; Der Sonntagsjäger (Wells). 30 cts.
Drei kleine Lustspiele (Wells). Vocabulary and exercises. 45 cts.
Deutsche Gedichte und Lieder (Roedder and Purin). Vocabulary. 60 cts.
Ebner-Eschenbach's Die Freiherren von Gemperlein (Hohlfeld). 35 cts.
Freytag's Die Journalisten (Toy). 30 cts. With vocabulary. 40 cts.
Frommel's Eingeschneit (Bernhardt). Vocabulary. 30 cts.
Frommel's Mit Ränzel und Wanderstab (Bernhardt). Vocab. and exs. 35 cts.
Fulda's Der Talisman (Prettyman). 35 cts.
Gerstäcker's Irrfahrten (Sturm). Vocabulary. 45 cts.
Grillparzer's Der arme Spielmann (Howard). Vocabulary. 35 cts.
Heyse's Das Mädchen von Treppi (Joynes). Vocab. and exercises. 35 cts.
Heyse's Hochzeit auf Capri (Bernhardt). Vocab. and exercises. 35 cts.
Hoffmann's Gymnasium zu Stolpenburg (Buehner). Vocabulary. 40 cts.
Keller's Die drei gerechten Kammacher (Collings). Vocabulary. 00 cts.
Keller's Kleider machen Leute (Lambert). Vocabulary. 35 cts.
Liliencron's Anno 1870 (Bernhardt). Vocabulary. 40 cts.
Moser's Der Bibliothekar (Wells). Vocabulary. 40 cts.
Moser's Köpnickerstrasse 120 (Wells). 35 cts.
Riehl's Das Spielmannskind (Eaton). Vocabulary and exercises. 40 cts.
Riehl's Der Fluch der Schönheit (Thomas). Vocabulary. 35 cts.
Schiller's Das Lied von der Glocke (Chamberlin). Vocabulary. 20 cts.
Schiller's Jungfrau von Orleans (Wells). Illus. 60 cts. Vocab., 70 cts.
Schiller's Maria Stuart (Rhoades). Illustrated. 60 cts. Vocab., 70 cts.
Schiller's Wilhelm Tell (Deering). Illustrated. 50 cts. Vocab., 70 cts.
Seidel: Aus Goldenen Tagen (Bernhardt). Vocabulary. 35 cts.
Seidel's Leberecht Hühnchen (Spanhoofd). Vocabulary. 30 cts.
Selections for Sight Translation (Deering). 15 cts.
Stern's Die Wiedertäufer (Sturm). Vocabulary and exercises. 40 cts.
Stille Wasser (Bernhardt). Three tales. Vocabulary. 35 cts.
Wichert's Als Verlobte empfehlen sich (Flom). Vocabulary. 25 cts.
Wilbrandt's Das Urteil des Paris (Wirt). 30 cts.

Heath's Modern Language Series

ADVANCED GERMAN TEXTS. (Partial List.)

Dahn's Ein Kampf um Rom (Wenckebach). Abridged. 55 cts.
Dahn's Sigwalt und Sigridh (Schmidt). 25 cts.
Deutsche Reden (Tombo). 90 cts.
Ein Charakterbild von Deutschland (Evans and Merhaut). $1.00
Frenssen's Jörn Uhl (Florer). 00 cts.
Freytag's Aus dem Jahrhundert des grossen Krieges (Rhoades). 35 cts.
Freytag's Aus dem Staat Friedrichs des Grossen (Hagar). 25 cts.
Freytag's Das Nest der Zaunkönige (Roedder and Handschin). 65 cts.
Freytag's Rittmeister von Alt-Rosen (Hatfield). 50 cts.
Freytag's Soll und Haben (Files). Abridged. 55 cts.
Goethe's Dichtung und Wahrheit (I–IV). Buchheim. 90 cts.
Goethe's Egmont (Hatfield). 60 cts.
Goethe's Faust (Thomas). Part I, $1.15. Part II, $1.50.
Goethe's Hermann und Dorothea (Hewett). 75 cts.
Goethe's Iphigenie (Rhoades). 60 cts.
Goethe's Meisterwerke (Bernhardt). $1.25.
Goethe's Poems (Harris). 90 cts.
Goethe's Torquato Tasso (Thomas). 75 cts.
Grillparzer's Der Traum, ein Leben (Meyer). 40 cts.
Hebbel's Agnes Bernauer (Evans). 50 cts.
Heine's Poems (White). 75 cts.
Helbig's Komödie auf der Hochschule (Wells). 35 cts.
Körner's Zriny (Holzwarth). 35 cts.
Lessing's Emilia Galotti (Winkler). 60 cts.
Lessing's Minna von Barnhelm (Primer). 60 cts. With vocabulary, 65 cts.
Lessing's Nathan der Weise (Primer). 80 cts.
Ludwig's Zwischen Himmel und Erde (Meyer). 55 cts.
Meyer's Jürg Jenatsch (Kenngott). Abridged. 60 cts.
Mörike's Mozart auf der Reise nach Prag (Howard). 35 cts.
Scheffel's Ekkehard (Wenckebach). Abridged. 55 cts.
Scheffel's Trompeter von Säkkingen (Wenckebach). Abridged. 50 cts.
Schiller's Ballads (Johnson). 60 cts.
Schiller's Wallenstein's Tod (Eggert). 60 cts.
Sudermann's Der Katzensteg (Wells). Abridged. Glossary. 60 cts.
Sudermann's Frau Sorge (Leser and Osthaus). Vocabulary. 90 cts.
Sudermann's Heimat (Schmidt). 35 cts.
Sudermann's Johannes (Schmidt). 35 cts.
Sudermann's Teja (Ford). Vocabulary. 30 cts.
Thomas's German Anthology. $2.25.
Wildenbruch's Die Rabensteinerin (Ford). 35 cts.
Wildenbruch's Harold (Eggert). 35 cts.

Heath's Modern Language Series

FRENCH GRAMMARS, READERS, ETC.

Anecdotes Faciles (Super). 25 cts.
Blanchaud's Progressive French Idioms. 60 cts.
Bouvet's Exercises in French Syntax and Composition. 75 cts.
Bowen's First Scientific French Reader. 90 cts.
Bruce's Dictées Françaises. 30 cts.
Bruce's Grammaire Française. $1.15.
Bruce's Lectures Faciles. 60 cts.
Capus's Pour Charmer nos Petits. 50 cts.
Chapuzet and Daniel's Mes Premiers Pas en Français. 75 cts.
Clarke's Subjunctive Mood. An inductive treatise, with exercises. 50 cts.
Comfort's Exercises in French Prose Composition. 30 cts.
Davies's Elementary Scientific French Reader. 40 cts.
Edgren's Compendious French Grammar. $1.15. Part I, 35 cts.
Fontaine's Lectures Courantes. $1.00.
Fontaine's Livre de Lecture et de Conversation. 90 cts.
Fraser and Squair's Abridged French Grammar. $1.00.
Fraser and Squair's Complete French Grammar. $1.15.
Fraser and Squair's Elementary French Grammar. 90 cts.
Fraser and Squair's Shorter French Course. $1.10.
French Anecdotes (Giese and Cool). 40 cts.
French Verb Blank (Fraser and Squair). 30 cts.
Grandgent's Essentials of French Grammar. $1.00.
Grandgent's French Composition. 50 cts.
Grandgent's Materials for French Composition. Each, 12 cts.
Grandgent's Short French Grammar. 75 cts.
Heath's French Dictionary. Retail price, $1.50.
Hénin's Méthode. 50 cts.
Hotchkiss's Le Premier Livre de Français. 35 cts.
Kimball's Materials for French Composition. Each, 12 cts.
Mansion's Exercises in French Composition. 60 cts.
Mansion's First Year French. For young beginners. 50 cts.
Marcou's French Review Exercises. 25 cts.
Pellissier's Idiomatic French Composition. 00 cts.
Perfect French Possible (Knowles and Favard). 35 cts.
Prisoners of the Temple (Guerber). For French Composition. 25 cts.
Roux's Lessons in Grammar and Composition, based on *Colomba*. 18 cts.
Snow and Lebon's Easy French. 60 cts.
Storr's Hints on French Syntax. With exercises. 30 cts.
Story of Cupid and Psyche (Guerber). For French Composition. 18 cts.
Super's Preparatory French Reader. 70 cts.

Heath's Modern Language Series

ELEMENTARY FRENCH TEXTS.

Assolant's Aventure du Célèbre Pierrot (Pain). Vocabulary. 25 cts.

Assolant's Récits de la Vieille France. Notes by E. B. Wauton. 25 cts.

Berthet's Le Pacte de Famine (Dickinson). 25 cts.

Bruno's Les Enfants Patriotes (Lyon). Vocabulary. 25 cts.

Bruno's Tour de la France par deux Enfants (Fontaine). Vocabulary. 45 cts.

Daudet's Trois Contes Choisis (Sanderson). Vocabulary. 20 cts.

Desnoyers' Jean-Paul Choppart (Fontaine). Vocab. and exs. 40 cts.

Enault's Le Chien du Capitaine (Fontaine). Vocabulary. 35 cts.

Erckmann-Chatrian's Le Conscrit de 1813 (Super). Vocabulary. 45 cts.

Erckmann-Chatrian's L'Histoire d'un Paysan (Lyon). 25 cts.

Erckmann-Chatrian's Le Juif Polonais (Manley). Vocabulary. 30 cts.

Erckmann-Chatrian's Madame Thérèse (Manley). Vocabulary. 40 cts.

France's Abeille (Lebon). 25 cts.

French Fairy Tales (Joynes). Vocabulary and exercises. 35 cts.

Génin's Le Petit Tailleur Bouton (Lyon). Vocabulary. 25 cts.

Gervais's Un Cas de Conscience (Horsley). Vocabulary. 25 cts.

La Bedollière's La Mère Michel et son Chat (Lyon). Vocabulary. 30 cts.

Labiche's La Grammaire (Levi). Vocabulary. 25 cts.

Labiche's La Poudre aux Yeux (Wells). Vocabulary. 30 cts.

Labiche's Le Voyage de M. Perrichon (Wells). Vocab. and exs. 30 cts.

Laboulaye's Contes Bleus (Fontaine). Vocabulary. 35 cts.

La Main Malheureuse (Guerber). Vocabulary. 25 cts.

Laurie's Mémoires d'un Collégien (Super). Vocab. and exs. 50 cts.

Legouvé and Labiche's Cigale chez les Fourmis (Witherby). 20 cts.

Lemaître, Contes (Rensch). Vocabulary. 30 cts.

Mairêt's La Tâche du Petit Pierre (Super). Vocab. and exs. 35 cts.

Maistre's La Jeune Sibérienne(Fontaine). Vocab. and exs. 30 cts.

Malot's Sans Famille (Spiers). Vocabulary and exercises. 40 cts.

Meilhac and Halévy's L'Eté de la St. Martin (François) Vocab. 25 cts.

Moinaux's Les deux Sourds (Spiers). Vocabulary. 25 cts.

Müller's Grandes Découvertes Modernes. Vocabulary. 25 cts.

Récits de Guerre et de Révolution (Minssen). Vocabulary. 25 cts.

Récits Historiques (Moffett). Vocabulary and exercises. 45 cts.

Saintine's Picciola (Super). Vocabulary. 45 cts.

Ségur's Les Malheurs de Sophie (White). Vocab. and exs. 45 cts.

Selections for Sight Translation (Bruce). 15 cts.

Verne's L'Expédition de la Jeune Hardie (Lyon). Vocabulary. 30 cts.

Heath's Modern Language Series

INTERMEDIATE FRENCH TEXTS. (Partial List.)

About's Le Roi des Montagnes (Logie). 40 cts. With vocab. 50 cts.
About's La Mère de la Marquise (Brush). Vocabulary. 40 cts.
Balzac: Cinq Scènes de la Comédie Humaine (Wells). 40 cts.
Balzac's Eugénie Grandet (Spiers). Vocabulary. 00 cts.
Balzac's Le Curé de Tours (Super). Vocabulary. 30 cts.
Chateaubriand's Atala (Kuhns). Vocabulary. 35 cts.
Contes des Romanciers Naturalistes (Dow and Skinner). Vocab. 55 cts.
Daudet's La Belle-Nivernaise (Boielle). Vocabulary. 30 cts.
Daudet's Le Petit Chose (Super). Vocabulary. 40 cts.
Daudet's Tartarin de Tarascon (Hawkins). Vocabulary. 45 cts.
Dumas's Duc de Beaufort (Kitchen). Vocabulary. 30 cts.
Dumas's La Question d'Argent (Henning). Vocabulary. 40 cts.
Dumas's La Tulipe Noire (Fontaine). 40 cts. With vocabulary. 50 cts.
Dumas's Les Trois Mousquetaires (Spiers). Vocabulary. 45 cts.
Dumas's Monte-Cristo (Spiers). Vocabulary. 40 cts.
Feuillet's Roman d'un jeune homme pauvre (Bruner). Vocabulary. 55 cts.
Gautier's Voyage en Espagne (Steel). 30 cts.
Gréville's Dosia (Hamilton). Vocabulary. 45 cts.
Hugo's Bug Jargal (Boielle). 40 cts.
Hugo's La Chute. From *Les Misérables* (Huss). Vocabulary. 30 cts.
Hugo's Quatre-vingt-treize (Fontaine). Vocabulary. 50 cts.
Labiche's La Cagnotte (Farnsworth). 30 cts.
La Brète's Mon Oncle et mon Curé (Colin). Vocabulary. 45 cts.
Lamartine's Graziella (Warren). 40 cts.
Lamartine's Jeanne d'Arc (Barrère). Vocabulary. 35 cts.
Lamartine's Scènes de la Révolution Française (Super). Vocab. 40 cts.
Lesage's Gil Blas (Sanderson). 45 cts.
Maupassant: Huit Contes Choisis (White). Vocabulary. 35 cts.
Michelet: Extraits de l'histoire de France (Wright). 35 cts.
Musset: Trois Comédies (McKenzie). 30 cts.
Sarcey's Le Siège de Paris (Spiers). Vocabulary. 45 cts.
Taine's L'Ancien Régime (Giese). Vocabulary. 65 cts.
Theuriet's Bigarreau (Fontaine). Vocab. and exercises. 35 cts.
Tocqueville's Voyage en Amérique (Ford). Vocabulary. 40 cts.
Vigny's Cinq-Mars (Sankey). Abridged. 60 cts.
Vigny's Le Cachet Rouge (Fortier). 25 cts.
Vigny's La Canne de Jonc (Spiers). 40 cts.
Voltaire's Zadig (Babbitt). Vocabulary. 45 cts.

Heath's Modern Language Series

INTERMEDIATE FRENCH TEXTS. (Partial List.)

Augier's Le Gendre de M. Poirier (Wells). Vocabulary. 35 cts.

Beaumarchais's Le Barbier de Séville (Spiers). Vocabulary. 35 cts.

Erckmann-Chatrian's Waterloo (Super). 35 cts.

Fleurs de France (Fontaine). 35 cts.

French Lyrics (Bowen). 60 cts.

Gautier's Jettatura (Schinz). 35 cts.

Guerber's Marie-Louise. 30 cts.

Halévy's L'Abbé Constantin (Logie). 30 cts. With vocab. 40 cts.

Halévy's Un Mariage d'Amour (Hawkins). Vocabulary. 30 cts.

Historiettes Modernes (Fontaine). Vol. I, 35 cts. Vol. II, 35 cts.

La France qui travaille (Jago). Vocabulary. 50 cts.

Loti's Pêcheur d'Islande (Super). Vocabulary. 40 cts.

Loti's Ramuntcho (Fontaine). 35 cts.

Marivaux's Le Jeu de l'amour et du hasard (Fortier). Vocab. 35 cts.

Merimée's Chronique du Règne de Charles IX (Desages). 30 cts.

Merimée's Colomba (Fontaine). 35 cts. With vocabulary, 45 cts.

Molière en Récits (Chapuzet and Daniels). Vocabulary. 50 cts.

Molière's L'Avare (Levi). 35 cts.

Molière's Le Bourgeois Gentilhomme (Warren). 30 cts.

Molière's Le Médecin Malgré Lui (Hawkins). Vocabulary. 30 cts.

Musset's Pierre et Camille (Super). 20 cts.

Pailleron's Le Monde où l'on s'ennuie (Pendleton). 30 cts.

Racine's Andromaque (Wells). 30 cts.

Racine's Athalie (Eggert). 30 cts.

Racine's Esther (Spiers). Vocabulary. 30 cts.

Renan's Souvenirs d'Enfance et de Jeunesse (Babbitt). 75 cts.

Sand's La Mare au Diable (Sumichrast). Vocabulary. 35 cts.

Sand's La Petite Fadette (Super). Vocabulary. 35 cts.

Sandeau's Mlle de la Seiglière (Warren). Vocabulary. 40 cts.

Sardou's Les Pattes de Mouche (Farnsworth). Vocabulary. 40 cts.

Scribe's Bataille de Dames (Wells). Vocabulary. 35 cts.

Scribo's Le Verre d'Eau (Eggert). 35 cts.

Septs Grands Auteurs du XIXe Siècle (Fortier). Lectures. 60 cts.

Souvestre's Un Philosophe sous les Toits (Fraser). 50 cts. Vocab. 55 cts.

Thiers's Expédition de Bonaparte en Egypte (Fabregou). 35 cts.

Verne's Tour du Monde en quatre-vingts jours (Edgren). Vocab. 45 cts.

Verne's Vingt mille lieues sous la mer (Fontaine). Vocab. 45 cts.

Zola's La Débâcle (Wells). Abridged. 60 cts.

Heath's Modern Language Series

ADVANCED FRENCH TEXTS.

Balzac's Le Père Goriot (Sanderson). 80 cts.
Boileau: Selections (Kuhns). 50 cts.
Bornier's La Fille de Roland (Nelson). 30 cts.
Bossuet: Selections (Warren). 50 cts.
Calvin: Pages Choisis (Jordan). 00 cts.
Corneille's Cinna (Matzke). 30 cts.
Corneille's Horace (Matzke). 30 cts.
Corneille's Le Cid (Warren). 30 cts.
Corneille's Polyeucte (Fortier). 30 cts.
Delpit's L'Age d'Or de la Littérature Française. 90 cts.
Diderot: Selections (Giese). 50 cts.
Duval's Histoire de la Littérature Française. $1.00.
French Prose of the XVIIth Century (Warren). $1.00.
Hugo's Hernani (Matzke). 60 cts.
Hugo's Les Misérables (Super). Abridged. 80 cts.
Hugo's Les Travailleurs de la Mer (Langley). Abridged. 80 cts.
Hugo's Poems (Schinz). 80 cts.
Hugo's Ruy Blas (Garner). 65 cts.
La Bruyère: Les Caractères (Warren). 50 cts.
Lamartine's Méditations (Curme). 55 cts.
La Triade Française. Poems of Lamartine, Musset, and Hugo. 75 cts.
Lesage's Turcaret (Kerr). 30 cts.
Maîtres de la Critique lit. au XIXe Siècle (Comfort). 50 cts.
Molière's Le Misanthrope (Eggert). 35 cts.
Molière's Les Femmes Savantes (Fortier). 30 cts.
Molière's Les Précieuses Ridicules (Toy). 25 cts.
Molière's Le Tartuffe (Wright). 30 cts.
Montaigne: Selections (Wright). 00 cts.
Pascal: Selections (Warren). 50 cts.
Racine's Les Plaideurs (Wright). 30 cts.
Racine's Phèdre (Babbitt). 30 cts.
Rostand's La Princesse Lointaine (Borgerhoff). 40 cts.
Voltaire's Prose (Cohn and Woodward). $1.00.
Voltaire's Zaïre (Cabeen). 30 cts.

ROMANCE PHILOLOGY.

Introduction to Vulgar Latin (Grandgent). $1.50.
Provençal Phonology and Morohology (Grandgent). $1.50.

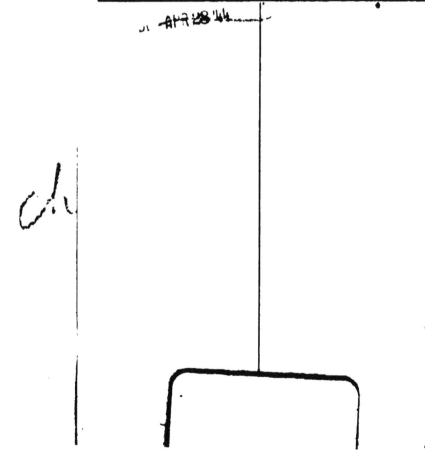

This book should be returned to the Library on or before the last date stamped below.

A fine of five cents a day is incurred by retaining it beyond the specified time.

Please return promptly.

APR 28 '44

Lightning Source UK Ltd.
Milton Keynes UK
UKHW021646021218
333216UK00012B/1731/P

9 780483 164918